Ethik 7/8

Arbeitsheft

Erarbeitet von

Inge Denzin
und
Dr. Roland W. Henke

Cornelsen

Kap. 1–9, 11–14 Inge Denzin
Kap. 10 Dr. Roland W. Henke

Verlagsredaktion: Heike Hermann
Illustration: Barbara Schumann, Berlin
Umschlaggestaltung: Knut Waisznor
Layout: Jutta Artz; sign, Berlin
Technische Umsetzung: sign, Berlin

www.cornelsen.de

Die Links zu externen Webseiten Dritter, die in diesem Lehrwerk angegeben sind, wurden vor Drucklegung sorgfältig auf ihre Aktualität geprüft. Der Verlag übernimmt keine Gewähr für die Aktualität und den Inhalt dieser Seiten oder solcher, die mit ihnen verlinkt sind.

1. Auflage, 5. Druck 2012

Druck: Himmer AG, Augsburg

ISBN 978-3-464-64700-4

Inhalt gedruckt auf säurefreiem Papier aus nachhaltiger Forstwirtschaft.

Inhaltsverzeichnis

Begleitende Unterrichtsmaterialien finden Sie unter
www.cornelsen-teachweb.de/co/ethik

Als Marionette in dieser Welt?

- Identifiziere die Personen, die an der Marionette ziehen:

- Finde eine Überschrift oder einen Untertitel für die Karikatur, die deinen Gefühlen Ausdruck verleiht.

Wer zieht an mir?

Klebe in die Mitte ein Foto von dir. Beschrifte dann die Enden der Fäden mit den Menschen, die an dir „ziehen“:

- Überlege, welche Fäden du gerne lösen willst und warum!
- Was passiert, wenn du alle Fäden durchschneidest?
- Vergleiche die von dir entworfene Marionette mit denjenigen deiner Mitschülerinnen und Mitschüler und besprecht Gemeinsamkeiten und Unterschiede.

Meine Möglichkeiten in dieser Welt

In der heutigen Welt gibt es viele Möglichkeiten, sein Leben individuell zu gestalten. Das bedeutet, dass jeder Mensch aus einer Fülle von Lebensstilen und Lebensweisen das Muster zusammenstellen kann und muss, das zu ihm passt.

Der Mensch entdeckt in sich ein Vermögen, sich selbst eine Lebensweise auszuwählen und nicht gleich ... Tieren an eine einzige gebunden zu sein.

Immanuel Kant, 1724–1804, deutscher Philosoph

▶ Formuliere einen Satz, der mit deinen Worten die Bedeutung des Satzes von Kant wiedergibt:

▶ Überlege, welche Lebensweisen oder Lebensstile du für dich auswählen willst.

Meine Hobbys sind:

Was andere an mir mögen:

Meine Stärken sind:

Besonders wichtig ist für mich:

Meine Schwächen sind:

Mein Lebensmotto lautet:

Werte in unserer Welt

Die Aktien sind im **Wert** gefallen.

Darauf lege ich viel **Wert.**

Das sind Dinge von bleibendem **Wert.**

Das ist **wert**voll.

Sein Urteil ist mir viel **wert.**

Die Sachen haben einen persönlichen **Wert.**

▶ Beschreibe, welche Bedeutung das Wort „Wert" in diesen Sätzen hat.

Hier findest du eine Liste von Werten, die vielen Menschen wichtig sind:

Familie	Glaube	Weisheit	Gleichheit	Reichtum
Beruf	Freunde	Verantwortung	Vernunft	Treue
Liebe	Vertrauen	Hoffnung	Frieden	Selbstsicherheit
Spaß	Mut	Gefühl	Glück	Freiheit
Sicherheit	Gerechtigkeit	Nahrung	Leben	

▶ Füge Werte hinzu, die dir persönlich in deinem Leben und für die Zukunft unserer Welt wichtig sind.

Wertepyramide

- Sortiere die Werte nach deiner persönlichen Überzeugung, indem du sie in die Pyramide einträgst. Oben steht der wichtigste Wert, dann folgen die zweitwichtigsten, drittwichtigsten und viertwichtigsten Werte, in der untersten Reihe die, die für dich am wenigsten wichtig sind.
- Überlege, ob es schwer für dich war, die Werte in eine Rangfolge zu bringen, und wenn ja, warum.
- Stellt eure Wertepyramide in der Klasse vor und begründet sie.

Er-wachsen?

Der Duden umschreibt die Bedeutung des Wortes „erwachsen“ so:
1. aus etwas allmählich hervorgehen, sich herausbilden, entstehen, sich entwickeln,
2. dem Jugendalter entwachsen, volljährig.

▶ Wie würdest du das Wort „erwachsen“ definieren?

Ralfs Vorstellungen vom Erwachsensein führen bei ihm zu dem Gefühl, „keinen Bock drauf“ zu haben. Kennst du diese Gefühle?

v**e**rantwortung	**e**
A**r**beit	**r**
40-Stunden-**W**oche	**w**
alltag	**a**
Pfli**C**hten	**c**
Durchsc**h**nittlichkeit	**h**
Un**S**cheinbarkeit	**s**
St**e**uern	**e**
Illusio**n**slosigkeit	**n**

ehrlich „keinen Bock drauf“

Ralf Kaiser, 17 Jahre alt

▶ Entwerfe deine eigenen Vorstellungen und vergleiche sie mit Ralfs.
▶ Zeige der Lerngruppe dein Raster und besprecht gemeinsam eure Vorstellungen vom Erwachsensein.

Histogramm

▶ Schreibe dein Geburtsdatum an den Anfang der Zeitschiene und trage von da an in kleineren Abschnitten Ereignisse, Handlungen, Wendepunkte, Gefühle und Gedanken, die für dich in der Vergangenheit und in der Gegenwart bedeutend waren und sind, in zeitlicher Abfolge ein. Dann überlege, welche Ereignisse und Vorstellungen in Gedanken deine Zukunft prägen und trage sie in den Abschnitt der Zeitschiene ein, der die Zukunft darstellt. Der freie Raum kann für Notizen, Zeichnungen oder Fotos usw. genutzt werden.

30 Jahre

20 Jahre

10 Jahre

Geboren ______________________

▶ Wenn alle in der Lerngruppe damit einverstanden sind, könnt ihr eure Histogramme kopieren und im Klassenraum aufhängen und besprechen.

Lebensstufen

Der Dichter Hermann Hesse hat ein Gedicht verfasst, in dem er darüber nachdenkt, dass das Leben aus verschiedenen Phasen besteht, die wir nacheinander durchleben.

Stufen

Wie jede Blüte welkt und jede Jugend
Dem Alter weicht, blüht jede Lebensstufe,
Blüht jede Weisheit auch und jede Tugend
Zu ihrer Zeit und darf nicht ewig dauern.
Es muss das Herz bei jedem Lebensrufe
Bereit zum Abschied sein und Neubeginne,
Um sich in Tapferkeit und ohne Trauern
In andre neue Bindungen zu geben.
Und jedem Anfang wohnt ein Zauber inne,
Der uns beschützt und der uns hilft, zu leben.

Wir sollen heiter Raum um Raum durchschreiten,
An keinem wie an einer Heimat hängen,
Der Weltgeist will nicht fesseln und uns engen,
Er will uns Stuf' um Stufe heben, weiten.
Kaum sind wir heimisch einem Lebenskreise
Und traulich eingewohnt, so droht Erschlaffen,
Nur wer bereit zu Aufbruch ist und Reise,
Mag lähmender Gewöhnung sich entraffen.

Es wird vielleicht auch noch die Todesstunde
Uns neuen Räumen jung entgegen senden,
Des Lebens Ruf an uns wird niemals enden ...
Wohlan denn, Herz, nimm Abschied und
gesunde!

Hermann Hesse, 1877–1962, deutscher Schriftsteller

- Lies das Gedicht mehrmals in Ruhe durch.
- Verfasse einen kurzen Text, in dem du beschreibst, was Hesse deiner Meinung nach ausdrücken will.

Kindheit, Jugend, Erwachsensein

Auf dieser Seite kannst du aufschreiben, was du an Kindheit, Jugend und Erwachsensein gut und schlecht findest.

Was mir daran gefallen hat, ein Kind zu sein:

Weshalb ich aber auf Dauer kein Kind bleiben will:

Was schön daran ist, ein Jugendlicher zu sein:

Warum es mir schwer fällt, ein Jugendlicher zu sein:

So könnte ich mir vorstellen, als Erwachsener zu sein:

So will ich auf keinen Fall als Erwachsener sein:

▶ Überlegt nun, welche Verhaltensweisen von Kindern und Jugendlichen Erwachsene sich bewahren sollten, und diskutiert, wie es möglich wäre, diese zu erhalten.

Verschiedene Vorstellungen

Die Begriffe Liebe, Freundschaft und Sexualität sind in ihrer Bedeutung sehr vielschichtig. Sie überschneiden sich, beschreiben jedoch auch sehr verschiedene Bereiche menschlicher Beziehungen. Jeder Mensch hat sicher seine eigene Vorstellung, was diese Begriffe für ihn bedeuten. Hier geht es um den Versuch, die verschiedenen Bedeutungen zu ermitteln. Die Methode des Clusterings kann dir dabei helfen. Die drei Begriffe sollen jeweils den Kern eines Clusters[1] bilden.

Beispiel für ein Cluster

- Besorge dir drei leere DIN-A4-Blätter und zeichne darauf drei Cluster im Querformat. Entscheide zuerst, in welcher Reihenfolge du die Begriffe bearbeiten willst. Wenn du einen Begriff ausgewählt hast, schreibe ihn in die Mitte des Blattes, umkreise ihn mehrmals und schreibe ein neues Wort, das dir zu dem Begriff einfällt, in die Nähe des Kernbegriffs und kreise ihn ebenfalls ein. Ziehe eine Verbindungslinie zwischen den beiden Begriffen. Dann kreise einen der beiden Begriffe wieder ein und schreibe ein neues Wort, das dir dazu einfällt, in die Nähe, kreise es ein, ziehe eine Verbindungslinie usw. Wenn die drei Cluster zu den Kernbegriffen „Liebe", „Freundschaft" und „Sexualität" vollständig sind, unterstreiche diejenigen Worte, die sich in allen drei Clustern finden.
- Vergleicht nun die verschiedenen Cluster in der Lerngruppe und besprecht die Überschneidungen oder Unterschiede.

1 cluster (engl.): Traube, Bündel

Bilder

▶ Zeichne, male, klebe ein Bild ein oder gestalte eine Collage zu den drei Begriffen „Liebe", „Freundschaft", „Sexualität". Sprecht dann in der Klasse über die Unterschiede dieser drei Begriffe.

Freundschaft

Liebe

Sexualität

Was ist Freundschaft?

Der libanesische Dichter Khalil Gibran hat seine Gedanken zur Frage „Was ist Freundschaft?" in einem Gedicht zusammengefasst, das ihr hier in der deutschen Übersetzung lesen könnt.

Über die Freundschaft

Euer Freund ist die Antwort auf eure Nöte.
Er ist das Feld,
das ihr mit Liebe besät und mit Dankbarkeit erntet.
Und er ist euer Tisch und euer Herd.
Denn ihr kommt zu ihm
mit eurem Hunger
und ihr sucht euren Frieden bei ihm.
Wenn euer Freund frei heraus spricht,
fürchtet ihr weder das „Nein" in euren Gedanken,
noch haltet ihr mit dem „Ja" zurück.
Und wenn er schweigt,
hört euer Herz nicht auf,
dem seinen zu lauschen.

Denn in der Freundschaft
werden alle Gedanken, alle Wünsche, alle Erwartungen
ohne Worte geboren und geteilt,
mit Freude, die keinen Beifall braucht.
Wenn ihr von eurem Freund weggeht,
trauert nicht;
denn was ihr am meisten an ihm liebt,
ist vielleicht in seiner Abwesenheit klarer,
wie der Berg dem Bergsteiger von der Ebene
aus klarer erscheint.
Und die Freundschaft
soll keinen anderen Zweck haben,
als den Geist zu vertiefen.
Denn Liebe, die etwas anderes sucht
als die Offenbarung ihres eigenen Mysteriums[1],
ist nicht Liebe,
sondern ein ausgeworfenes Netz:
und nur das Nutzlose wird gefangen.

Und lasst euer Bestes für euren Freund sein.
Wenn er die Ebbe eurer Gezeiten kennen muss,
lasst ihn auch das Hochwasser kennen.
Denn was ist ein Freund, wenn ihr ihn nur aufsucht,
um die Stunden totzuschlagen?
Sucht ihn auf, um die Stunden mit ihm zu erleben.
Denn er ist da,
um eure Bedürfnisse zu befriedigen,
nicht aber, um eure Leere auszufüllen.
Und in der Süße der Freundschaft
lasst Lachen sein und geteilte Freude.
Denn im Tau kleiner Dinge
findet das Herz seinen Morgen und wird erfrischt.

1 Mysterium: Geheimnis

Khalil Gibran, 1883–1931, libanesischer Dichter

- Lest den Text durch, alleine oder zusammen.
- Erklärt folgende „Bilder" im Sinnzusammenhang des Gedichts: Liebe säen, Dankbarkeit ernten (Z. 3), Tisch, Herd (Z. 4), Ebbe, Hochwasser (Z. 35, 36).
- Erklärt folgenden Satz: „Denn was ihr am meisten an ihm liebt, ist vielleicht in seiner Abwesenheit klarer, wie der Berg dem Bergsteiger von der Ebene aus klarer erscheint" (Z. 21–24).
- Wie beurteilt ihr die Beschreibung Gibrans? Was gefällt euch, was lehnt ihr ab?
- Schreibt einen kurzen Text zur Frage „Was ist Freundschaft?".

Typisch Mann, typisch Frau?

Die Popgruppe „Die Ärzte“ brachte 1998 den Song „Männer sind Schweine“ heraus, der schnell zu einem bekannten Hit wurde. Im Liedtext werden Charaktere und Verhalten geschildert, die als typisch männlich gelten sollen.

Hallo, mein Schatz, ich liebe dich!
Du bist die einzige für mich!
Die anderen find ich alle doof,
deswegen mache ich dir den Hof.
Du bist so anders, ganz speziell,
ich merke so was immer schnell.
Jetzt zieh dich aus und leg dich hin
weil ich so verliebt in dich bin.

Gleich wird es dunkel, bald ist es Nacht,
da ist ein Wort der Warnung angebracht:

Männer sind Schweine.
Traue ihnen nicht, mein Kind.
Sie wollen alle das Eine,
weil Männer nun mal so sind.

Ein Mann fühlt sich erst dann als Mann,
wenn er es dir besorgen kann.
Er lügt, dass sich die Balken biegen,
nur um dich ins Bett zu kriegen.
Und dann am nächsten Morgen
weiß er nicht einmal mehr, wie du heißt.
Rücksichtslos und ungehemmt,
Gefühle sind ihm völlig fremd.
Für ihn ist Liebe gleich Samenverlust.
Mädchen, sei dir dessen stets bewusst!

Männer sind Schweine,
frage nicht nach Sonnenschein.
Ausnahmen gibt's leider keine.
[...]

Und falls du doch den Fehler machst
und dir 'nen Ehemann anlachst,
mutiert dein Rosenkavalier bald
nach der Hochzeit auch zum Tier.
Da zeigt er dann sein wahres Ich,
ganz unrasiert und widerlich.
Trinkt Bier, sieht fern und wird schnell fett
und rülpst und furzt im Ehebett.
Dann hast du King-Kong zum Ehemann,
drum sag ich dir, denk bitte stets daran:

Männer sind Schweine.
[...]
Traue ihnen nicht, mein Kind.
Sie wollen alle nur das Eine,
für wahre Liebe sind sie blind.
[...]

Farin Urlaub, PMS Musikverlag GmbH, Berlin

- Beschreibt, wie Männer hier dargestellt werden, und beachtet dabei auch die Wortwahl.
- Überlegt, wie die Beziehung zwischen Mann und Frau charakterisiert wird.
- In welcher Art wird über Liebe und Sexualität gesprochen?
- Wie beurteilt ihr diese Darstellung? Begründet eure Meinung.

Konflikt oder Spaß?

Ein Konflikt ist ein Problem oder eine Unstimmigkeit zwischen zwei oder mehreren Personen. Viele Situationen werden jedoch von verschiedenen Menschen verschiedenartig verstanden. Während ein bestimmtes Ereignis von dir als ein Konflikt angesehen wird, fasst dein Gegenüber dieselbe Situation vielleicht als Spaß auf.

▶ Im folgenden Test könnt ihr euch überlegen, was ihr persönlich als Konfliktsituation versteht und was nicht. Kreuzt jeweils an, ob ihr die Situation als einen Konflikt empfindet oder nicht. Besprecht die Situationen dann in der Klasse und begründet eure Entscheidung.

	ja	vielleicht	nein
1. Christine sieht schlecht und muss eine dicke Brille tragen. Ralf lacht sie immer aus.	☐	☐	☐
2. Bei den Bundesjugendspielen laufen Jan, Philipp und Marco im 100-Meter-Lauf um die Wette. Jan will auf jeden Fall gewinnen.	☐	☐	☐
3. Erik und Tom spielen Tischtennis auf dem Schulhof. Sie wollen Ahmed nicht mitspielen lassen.	☐	☐	☐
4. David und Sahand sind in Mathematik die Besten in der Klasse. Sie lachen über andere, die nicht so schnell rechnen können. Tina ärgert sich darüber, sagt aber nichts.	☐	☐	☐
5. Michael hat einen neuen Füller zum Geburtstag bekommen. In der Pause fällt er ihm jedoch herunter und eine Mitschülerin tritt ihn kaputt.	☐	☐	☐
6. Ramona und Florian sind befreundet. Ramona ist Vegetarierin. Beim Bummeln in der Stadt holt sich Florian eine Bratwurst.	☐	☐	☐
7. Nicos Vater liebt klassische Musik und lehnt Rockmusik ab. Sie haben nur einen CD-Player.	☐	☐	☐
8. Die Klassenlehrerin fordert die Schülerinnen immer auf, sich gegenseitig zu helfen. Peter hilft Annika im Physikunterricht bei einer schweren Aufgabe. Die Physiklehrerin schimpft und trägt Peter eine Fünf wegen „schwätzen" ein.	☐	☐	☐
9. Mathias ist der Kleinste in seiner Klasse. Im Sportunterricht zwingt ihn der Lehrer, über den Bock zu springen, obwohl ihm Tränen in den Augen stehen.	☐	☐	☐
10. Michael stellt Eike ein Bein. Eike fällt hin und verletzt sich. Michael sagt, er habe nur Spaß machen wollen und es tue ihm Leid.	☐	☐	☐

▶ Vergleicht nun eure Ergebnisse untereinander und erläutert gegenseitig eure Abweichungen. Beachtet dabei, dass es keine richtige oder falsche Lösung gibt, sondern nur abweichende Empfindungen.
- War es leicht oder schwierig, eine Position zu finden?
- Bei welchen Szenen wart ihr unsicher und warum?
- Wo gibt es die meisten Abweichungen zwischen euren Ergebnissen?

▶ Überlegt, wieso es nicht immer einfach ist, einen Konflikt zu lösen. Erfindet in der Gruppe eine Konfliktsituation und spielt sie nach. Diskutiert die Handlungen der „Streitenden" und sucht gemeinsam nach einer Lösung des Konflikts.

Was ist ein Konflikt?

Stell dir vor, eine Außerirdische, die keine Ahnung von unserem Leben und unseren Gewohnheiten hat, kommt zu dir und will wissen, was ein Konflikt ist. Du versuchst, es ihr zu erklären. Du kannst dies in Form eines Briefes oder eines Bildes, aber auch in Form einer dargestellten Szene oder eines Standbildes tun.

- Überlegt, wo die Schwierigkeiten liegen, den Begriff zu erklären.

Hier findest du einige Sprichwörter zum Thema „Konflikt“:

Streiten verbindet.

Während sich zwei zanken um ein Ei, steckt's der dritte bei.

Gewitter reinigt die Luft.

Was du nicht willst, das man dir tu, das füg' auch keinem andern zu.

Was sind Freunde, die sich nicht auch raufen.

Ein Esel schilt den anderen Langohr.

Es ist kein Mensch, den nicht um irgendetwas Hunderttausende, ja Millionen beneiden.
Wilhelm Raabe, 1831–1910, deutscher Schriftsteller

Nicht jene, die streiten, sind zu fürchten, sondern jene, die ausweichen.
Marie von Ebner-Eschenbach, 1830–1916, österreichische Schriftstellerin

- Welche dieser Sprichwörter habt ihr so oder ähnlich schon einmal gehört?
- Welches Zitat trifft eurer Meinung nach am ehesten das Thema „Konflikt“?
- Begründet eure Meinung.
- Können eurer Meinung nach solche Sprichwörter in einem Konfliktfall helfen?
- Diskutiert in der Gruppe, weshalb das so sein könnte bzw. weshalb nicht.

Wer, was, warum?

Das Spinnennetz bietet die Möglichkeit, einen Konflikt zu analysieren. Das bedeutet, dass die jeweilige Konfliktsituation aufgeschlüsselt wird in die beteiligten Personen, die Handlungen der Personen und ihre Beweggründe.

▶ Überlegt euch einen aktuellen Konflikt, den ihr analysieren wollt.
Zeichnet in das Spinnweben verschiedene Kästchen in verschiedenen Farben:
- blau: Wer ist beteiligt?
- rot: Was tun die einzelnen Beteiligten?
- grün: Welche Beweggründe haben die Beteiligten?

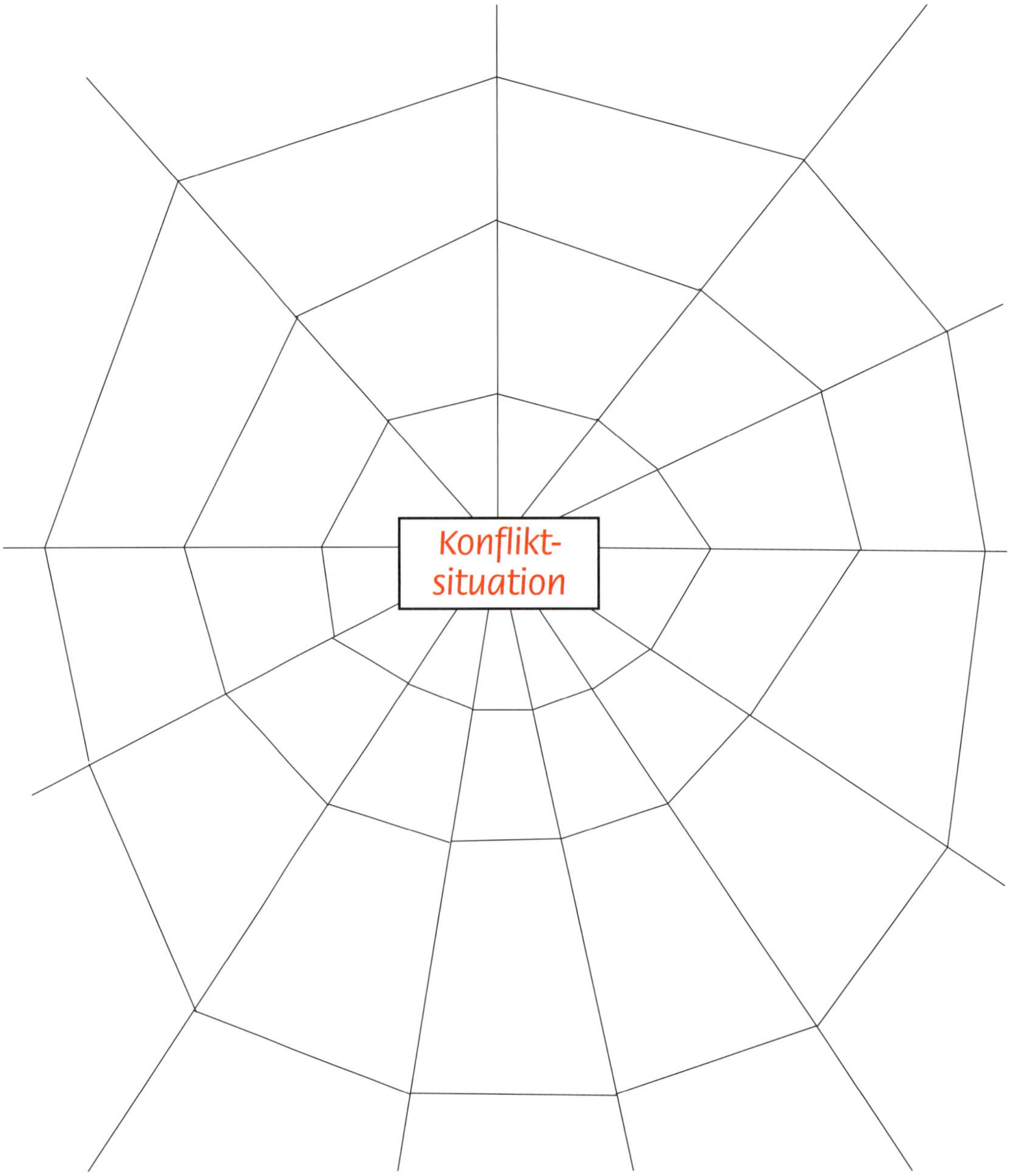

▶ Überlegt, wie ihr euren Konflikt in die drei Aspekte aufschlüsseln könnt, um ihn in der Spinnwebanalyse darzustellen.

▶ Tragt eure Ergebnisse in die von euch in das Spinnweben gemalten Kästchen ein.

▶ Sind die Hauptaspekte des Konflikts deutlich geworden?

▶ Glaubt ihr, dass die Analyse zur Lösung des Konflikts beitragen kann? Warum bzw. warum nicht?

Gruppenregeln

Das Zusammenleben in der Gruppe wird erleichtert, wenn gemeinsam Grundregeln formuliert werden, nach denen sich die einzelnen Mitglieder der Gruppe richten wollen.

- Auf dieser Seite könnt ihr zunächst alleine einige Regeln formulieren, die ihr für das Zusammenleben in der Gruppe wichtig findet.
- Diskutiert in einem zweiten Schritt eure Regeln in Kleingruppen und einigt euch auf fünf gemeinsame Regeln, die ihr auf dieser Seite notiert.
- In der Endrunde könnt ihr euch in der Klasse auf fünf Grundregeln einigen, die auf einem Plakat an der Wand aufgehängt werden können.
- Diskutiert anschließend, wie ihr mit Hilfe der neuen Regeln in einem Konfliktfall verfahren wollt. Beachtet, dass eure Regelungen keine „starren Gesetze" sind. Auftretende Konflikte können auch ein Anlass sein, die Regeln erneut zu überprüfen und zu verändern.

Meine Regeln:

1 ______________________________

2 ______________________________

3 ______________________________

4 ______________________________

5 ______________________________

Die Regeln der Kleingruppe:

1 ______________________________

2 ______________________________

3 ______________________________

4 ______________________________

5 ______________________________

Unsere gemeinsamen Grundregeln:

1 ______________________________

2 ______________________________

3 ______________________________

4 ______________________________

5 ______________________________

Was heißt das: sich begegnen?

Das Verb „begegnen“ ist eine Ableitung des Wortes „gegen“.

- Stelle eine kleine Liste zusammen mit Wörtern, die dir spontan zu „begegnen“ und „gegen“ einfallen:

gegenüber

Begegnung

- Vergleicht die Listen untereinander und erzählt euch, was ihr zu den verschiedenen Begriffen gedacht habt.

Verabredung mit einem Unbekannten?

Stell dir vor, dein Freund oder deine Freundin hat für dich ein „blind-date“ mit jemandem verabredet. Du kommst 20 Minuten zu früh zum Verabredungsort und setzt dich in das Café, um zu warten. Du hast keine Ahnung, wer gleich kommt. Schreibe deine Gedanken auf, die du in diesem Moment hast.

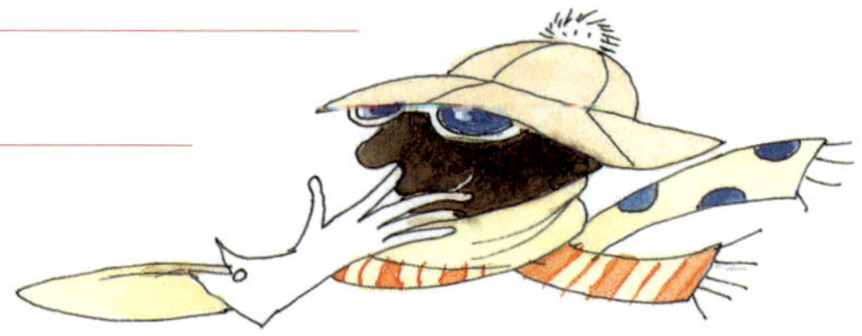

- Was verrät dein Text über dich selbst?
- Überlege, was das Problem sein könnte, wenn man jemandem mit bestimmten Vorstellungen gegenübertritt.

Auf der Suche nach der Begegnung

In der folgenden Geschichte von Thomas Bernhard erzählt ein junger Mann von seinen Versuchen, Menschen kennen zu lernen. Trotz verschiedener Taktiken scheitern seine Bemühungen.

DER JUNGE MANN versucht, einem alten Mann zu beweisen, dass er, *der junge Mann*, allein ist. Er sagt ihm, er sei in die Stadt gekommen, um Menschen kennen zu lernen, aber es sei ihm bis jetzt noch nicht gelungen, auch nur einen Menschen zu finden. Er habe verschiedene Mittel angewendet, um das Vertrauen der Menschen zu gewinnen. Aber er habe sie abgestoßen. Sie ließen ihn zwar ausreden und hörten ihm auch zu, aber sie wollten ihn nicht *verstehen*. Er habe ihnen Geschenke mitgebracht; denn mit Geschenken könne man Menschen zur Freundschaft und zur Anhänglichkeit verführen. Aber sie nähmen die Geschenke nicht an und setzten ihn vor die Tür. Er habe tagelang darüber nachgedacht, warum sie ihn nicht haben wollten. Aber er sei nicht darauf gekommen. Er habe sich sogar *verwandelt*, um Menschen zu gewinnen; er sei bald der und bald jener gewesen, und es sei ihm gelungen, sich zu verstellen, aber auch auf diese Weise habe er nicht einen Menschen gewonnen. Er redet auf den alten Mann, der neben seiner Haustüre sitzt, mit einer solchen Gewalttätigkeit ein, dass er sich plötzlich schämt. Er tritt einen Schritt zurück und stellt fest, dass in dem alten Mann nichts vorgeht. In dem alten Mann ist nichts, das er wahrnehmen könnte. Jetzt läuft der junge Mann in sein Zimmer und deckt sich zu.

Thomas Bernhard, 1931–1989, österreichischer Schriftsteller

- Lies den Text mehrfach durch.
- Notiere die verschiedenen Versuche des jungen Mannes, Menschen kennen zu lernen:

- Diskutiert in der Klasse darüber: Warum scheitert der junge Mann?
- Überlegt dabei, auf welchen Bedingungen das Kennenlernen und Verstehen zwischen Menschen beruht.
- Was könnte der junge Mann anders machen?

Begegnung mit „Fremden“

- Wo hast du einmal „Fremde“ erlebt? Beschreibe deine Erfahrung in einem Text auf dieser Seite. Erkläre dabei, wann es war, wen du getroffen hast, wie die Situation war und warum dir die Menschen „fremd“ vorkamen.

- Viele Menschen haben Vorurteile gegenüber Menschen, die ihnen fremd erscheinen. Versuche zu erklären, wo die Ursachen für die Vorurteile liegen können.
- Hast du Ideen, wie man die Angst vor „dem Fremden“ abbauen kann? Überlege gemeinsam mit deinen Mitschülern und Mitschülerinnen.
- Gibt es Vorurteile in eurer Lerngruppe? Sprecht gemeinsam darüber.

„Begegnungen" durch die Medien

Der Mensch hat heute die Möglichkeit, über vermittelte Welten, die so genannten Medien, mit Ereignissen und Personen in Kontakt zu treten, zu denen er in seiner direkten Umwelt keinen Zugang hätte. Besonders der Umgang mit digitalen Medien wie Computer und Internet nimmt immer mehr Raum in unserem Leben ein, und auch das Fernsehen bietet uns Informationen und Bilder aus Welten, die für uns ohne das Medium nicht alle erreichbar wären.

▶ Schreibe eine Woche lang mit dieser Tabelle ein „Medientagebuch". Trage täglich die Zeit ein, die du mit den verschiedenen Medien verbringst, und schreibe kurze Notizen dazu, was du genutzt hast und warum.

	Fernsehen	Computer/ Internet	Radio	Zeitungen/ Bücher	Notizen
Mo					
Di					
Mi					
Do					
Fr					
Sa					
So					

▶ Beschreibe die Wirkung, die der Umgang mit den verschiedenen Medien auf dich hat.
▶ Versuche, deinen Umgang mit den Medien kritisch zu betrachten. Was findest du gut und was gefällt dir nicht?
▶ Ziehst du die passive Unterhaltung[1] der aktiven Unterhaltung[2] vor? Findet Beispiele und diskutiert darüber.

1 passive Unterhaltung: eine Beschäftigung, die sich vor allem auf das Konsumieren von Unterhaltung beschränkt und der man allein nachgehen kann
2 aktive Unterhaltung: findet meistens gemeinsam statt und erfordert eine aktive Teilnahme

Was ist Verantwortung?

In dem Wort „Verantwortung" steckt das Wort „Antwort". Die Verbindung der Wörter ist einfacher zu verstehen, wenn man weiß, dass die frühere Bedeutung des Wortes „Verantwortung" auch „Rechtfertigung" oder „Verteidigung" war. Und jemand, der sich rechtfertigt oder verteidigt, muss auf Anschuldigungen antworten können.

▶ Stelle eine Liste zusammen mit Handlungen und Dingen, für die du zu Hause, in der Familie, in der Schule, in deinem Freundeskreis usw. verantwortlich bist:

Ich bin verantwortlich für:

▶ Wie findest du den Vorschlag, dass jedes Kind bestimmte Pflichten übernehmen sollte? Inwieweit sollte deiner Meinung nach eine solche Pflichtenverteilung in einem „Familienrat" beschlossen werden? Begründe deine Meinung.

▶ Beschreibe, was es für dich bedeutet, verantwortlich für jemanden oder für ein Tier und eine Sache zu sein:

Verantwortung übernehmen?

Es gibt sicher auch in deinem Leben Situationen, wo du entweder Verantwortung übernommen oder dich dagegen entschieden hast. Schildere hier ein Ereignis aus deinem Leben, wo du in Konflikt mit der Verantwortung geraten bist und dich für oder gegen sie entschieden hast. Versuche dabei auch, die Gründe für dein Handeln zu benennen.

▶ Besprecht die unterschiedlichen Situationen in der Klasse.

Freiheit und Verantwortlichkeit

- Nun geht es darum, die Begriffe „Freiheit" und „Verantwortlichkeit" in eine Beziehung zueinander zu setzen. Sammelt dafür zunächst gemeinsam sinnverwandte Wörter und notiert sie an der Tafel. Werdet euch über die Bedeutung der Begriffe bewusst. Ihr könnt auch in einem Wörterbuch sinnverwandter Ausdrücke nachsehen.

- Ordnet die Begriffe den Bäumen „Freiheit" oder „Verantwortlichkeit" zu und schreibt sie in die dicken Äste.
- Worin liegt eurer Meinung nach die Verbindung zwischen der Freiheit zu tun, was man will und pflichtbewusstem Handeln? Berücksichtigt dabei, dass Verantwortlichkeit auch bedeutet, nach eigenem Ermessen und eigenverantwortlich zu handeln.

Verantwortung ist gefragt

In der Nacht von Samstag auf Sonntag ereignete sich auf der Bundesstraße 1 ein Motorradunfall. Ein 15-jähriger Junge und ein 14-jähriges Mädchen verletzten sich dabei tödlich. Beide trugen keinen Helm. Sie kamen aus einer nahe gelegenen Diskothek. Den Informationen der Redaktion zufolge besaß der Junge als Lenker des Motorrades keinen Führerschein und hatte das Motorrad bei seinem Bruder ausgeliehen. Den Eltern war bekannt, dass ihr Sohn mit dem Motorrad fuhr. Blutproben ergaben bei beiden Verunglückten Hinweise auf Alkoholkonsum. Durch strengere Kontrollen versucht die Polizei, in Zukunft die häufigen Verkehrsunfälle nach Besuchen in Diskotheken zu verhindern.

- Überlege, wie im oben geschilderten Fall ein verantwortliches Handeln der beiden Jugendlichen hätte aussehen müssen.
- Wie lassen sich Begriffe wie „Verantwortung" und „Freiheit" auf den geschilderten Fall anwenden?

Gewissen und soziale Verantwortung

Der Johannisbrotbaum

Ein Weiser ging einmal über Land und sah einen Mann, der einen Johannisbrotbaum pflanzte. Er blieb bei ihm stehen und sah ihm zu und fragte: „Wann wird das Bäumchen wohl Früchte tragen?" Der Mann erwiderte: „In siebzig Jahren."

Da sprach der Weise: „Du Tor! Denkst du in siebzig Jahren noch zu leben und die Früchte deiner Arbeit zu genießen? So pflanze lieber einen Baum, der früher Früchte trägt, dass du dich ihrer erfreust in deinem Leben."

Der Mann aber hatte sein Werk vollendet und sah freudig darauf, und er antwortete: „Herr, als ich zur Welt kam, da fand ich Johannisbrotbäume und aß von ihnen, ohne dass ich sie gepflanzt hatte, denn das hatten meine Väter getan. Habe ich nun genossen, wo ich nicht gearbeitet habe, so will ich einen Baum pflanzen für meine Kinder oder Enkel, dass sie davon genießen. Wir Menschen mögen nur bestehen, wenn einer dem anderen die Hand reicht."

- Lest den Text mit verteilten Rollen.
- Erkläre die Begriffe „Weiser" (Z. 1, 6) und „Tor" (Z. 6).
- Erläutere, was die Begriffe in diesem Text bedeuten.
- Hat die Aussage dieser Geschichte etwas mit „Gewissen" und „Verantwortung" zu tun oder nicht? Begründe deine Meinung.
- Wie beurteilst du das Verhalten des „Toren" im Text?
- Übertrage das Verhalten des „Toren" auf dein Leben.
- Kannst du etwas unternehmen, das im Sinne des „Toren" wäre?

Menschenpflichten

1996 trafen sich in Wien ehemalige Staatspräsidenten aus der ganzen Welt, um unter dem Vorsitz des früheren deutschen Bundeskanzlers Helmut Schmidt (1974–1982) zu diskutieren, welche Pflichten alle Menschen auf der ganzen Welt übernehmen sollten, die so genannten „Menschenpflichten“. Stellt euch vor, ihr wäret als Klasse auch dabei gewesen und hättet eure Vorschläge vorgetragen.

▶ Diskutiert über folgende Fragen und schreibt eure Antworten mit Begründung auf.

1. Ist es möglich, von allen Menschen auf der ganzen Welt dieselben Pflichten zu verlangen? Warum bzw. warum nicht?

2. Für welche Menschengruppen könnten „Menschenpflichten“ formuliert werden? (Für Nationen oder für Kontinente oder für grenzüberschreitende Kulturen oder ...? Welche Menschengruppen fallen euch noch ein?)

3. Schreibt nun mindestens sieben „Menschenpflichten“ auf, die eurer Meinung nach für die einzelnen Menschengruppen oder für alle Menschen gelten sollen.

1
2
3
4
5
6
7

▶ Nun könnt ihr im Internet unter ***www.info-servo.de/menschenpfl.htm*** nachlesen, was die ehemaligen Staatspräsidenten beschlossen haben, und es mit euren Vorschlägen vergleichen.

Armut und Reichtum privat und gesellschaftlich

▶ Wenn du drei Wünsche frei hättest, was würdest du dir wünschen?

1. __________

2. __________

3. __________

▶ Diskutiert über die Sprichwörter und erklärt mit euren eigenen Worten, was sie bedeuten. Gebt in eurer Erklärung eine Antwort auf die Frage „Warum?“. Beispiel: Warum meint Arthur Schopenhauer, die Menschen würden durch den Reichtum immer „durstiger“ werden, als ob sie Seewasser getrunken hätten?

Der Reichtum gleicht dem Seewasser:
Je mehr man davon trinkt, desto durstiger wird man.

Arthur Schopenhauer, 1788–1860, deutscher Philosoph

Erklärung: __________

Es werden so viele schöne Worte über Freiheit geredet,
aber nichts auf der Welt macht so unfrei wie Armut.

Martin Andersen-Nexø, 1869–1954, dänischer Schriftsteller

Erklärung: __________

Nicht, wer viel besitzt, ist reich,
sondern wer viel gibt.

Erich Fromm, 1900–1980, deutsch-amerikanischer Psychoanalytiker

Erklärung: __________

In der Armut liegt ein Glanz verborgen,
der Glanz des Authentischen[1].

1 authentisch: echt

Ernesto Cardenal, *1925, Schriftsteller, Priester und Kulturminister in Nicaragua

Erklärung: __________

▶ Überlege nun, ob deine drei Wünsche etwas mit Armut und Reichtum zu tun haben, und wenn ja, was.

1. __________

2. __________

3. __________

Was ist reich, was ist arm?

▶ Welche Wörter gibt es, die dasselbe oder etwas Ähnliches bedeuten wie Reichtum oder Armut? Ihr könnt in einem Wörterbuch für sinn- und sachverwandte Wörter nachsehen (z. B. Duden, Band 8) und sie in die freien Linien eintragen.

Reichtum

Geld

Armut

Elend

Definitionen

▶ Überlegt euch Definitionen, die ihr wie einen Lexikonartikel schreibt. Berücksichtigt dabei alles, was hier auf S. 28/29 in den Sprichwörtern und den Aufgaben angesprochen wurde. Ihr könnt zuerst stichwortartig alle Bedeutungen gemeinsam an der Tafel sammeln. Geht besonders der Frage nach, welche privaten und gesellschaftlichen Folgen sich aus Armut und Reichtum ergeben können.

Armut bedeutet: ______________________________

Reichtum bedeutet: ______________________________

Was wäre, wenn …?

▶ Stellt euch vor, jede Schülerin und jeder Schüler eurer Schule hätte ein Jahr lang in jedem Monat 1000 Euro zur Verfügung. Beschreibe in einem Text auf dieser Seite, wie sich das Leben der Schülerinnen und Schüler verändern würde und welche unterschiedlichen Möglichkeiten es gibt, mit diesem Geld umzugehen. Wären nach einem Jahr alle Schülerinnen und Schüler gleich „reich"? Falls ja, warum; falls nein, warum nicht?

Lebenswünsche

Unser Leben ist eine Reise. Wenn wir das Thema Geld meistern, dann kann uns diese Reise Möglichkeiten eröffnen und uns in Richtungen führen, die wir uns niemals vorgestellt haben.

Bodo Schäfer, *1960

▶ Für welche Lebenswünsche würdest du sehr viel Geld brauchen?

Neue Gedanken und Ideen kennen lernen ...

Der folgende Text stammt aus dem Jugendbuch „Ein Hund namens Money“ und beschreibt, wie die zwölfjährige Kira entdeckt, dass ihr Hund „Money“ sprechen kann und ihr viel zu sagen hat ...

Eines Tages geschah das Unheimliche. Ich hatte beschlossen, mir per Telefon die neueste CD meiner Lieblingsgruppe zu bestellen. Ich hatte gerade im Fernsehen eine Werbung mit Telefonnummer gesehen. Ich setzte mich also ans Telefon und begann, die Nummer zu wählen. Auf einmal hörte ich eine Stimme: [...] „Kira, wenn du die CD kaufst, dann hast du fast dein ganzes Taschengeld für diesen Monat ausgegeben.“ [...] Money stand vor mir und hielt den Kopf leicht schief. [...] „Können wir uns jetzt vernünftig unterhalten oder willst du dich noch ein Weilchen kneifen und wundern?“ [...] „Wir Hunde konnten uns viel fortschrittlicher unterhalten als ihr Menschen. Wenn wir etwas mitteilen wollten, dann sandten wir einen Gedanken direkt in das Gehirn des anderen“, meinte Money. „Darum weiß ich auch, was du jetzt denkst. [...] Wenn zwei Lebewesen sich nahe stehen, dann können sie immer bis zu einem gewissen Grad die Gedanken des anderen lesen. Und darum weiß ich auch, dass es dich sehr traurig macht, dass deine Eltern so viele finanzielle Probleme haben. Und ich sehe auch, dass du beginnst, dieselben Fehler zu machen. Denn ob ein Mensch einmal gut mit seinem Geld zurechtkommt, entscheidet sich schon sehr früh.“ [...] „Ich kann dir [aber] nur helfen, wenn du es wirklich willst. [...] Bitte notiere bis morgen zehn Gründe, warum du gerne wohlhabend werden möchtest.“ [...]

[Am nächsten Tag fragte Money mich:] „Kira hast du herausbekommen, dass es sich für dich lohnen würde, wohlhabend zu sein?“ „Allerdings“, beeilte ich mich zu sagen. Ich zog meine Liste aus der Tasche. [...] „Und welche Punkte sind dir am wichtigsten?“, fragte er mich daraufhin. „Sie sind alle wichtig“, erwiderte ich. „Das glaube ich dir“, entgegnete der Hund. „Trotzdem möchte ich dich bitten, noch einmal die Liste anzuschauen und die drei wichtigsten Punkte einzukreisen.“ [...] Schließlich hatte ich es geschafft und diese drei Wünsche eingekreist: 1. Nächsten Sommer als Austauschschüler in die USA fliegen. 2. Ein Computer – am liebsten ein Laptop. 3. Meinen Eltern mit ihren Schulden helfen. [...] Ich fühlte mich sehr stolz. Trotzdem verstand ich den Sinn der Übung nicht so ganz. Money konnte wie immer meine Gedanken lesen. Prompt bekam ich die Antwort: „Die meisten Menschen wissen gar nicht genau, was sie wollen. Sie wissen nur, dass sie mehr wollen.“ [...] „Heißt das, wenn ich meine Wünsche kenne, dass ich dann auch alles bekommen werde?“ „Natürlich musst du etwas dafür tun“, erwiderte Money. „Aber den ersten entscheidenden Schritt hast du dann schon getan.“ [...] „Nun musst du dir deine Wunschliste jeden Tag anschauen. So wirst du immer wieder daran erinnert. Und du fängst an, Möglichkeiten zu erkennen, die dir helfen, deine Wünsche in die Tat umzusetzen. [...] Du kannst [...] ein leeres Fotoalbum nehmen und es zu deinem Wunschalbum machen. Suche dir Bilder, die das beschreiben, was du haben willst. Dann klebe sie in dein Album.“ [...] Das alles erschien mir doch sehr komisch. Und es war ganz anders, als ich mir die erste Lektion über Geld vorgestellt hatte. „Das nennt man lernen“, kam sofort Moneys Antwort. „Neue Gedanken und Ideen kennen lernen. Wenn man auf die gleiche Art zu denken weiterdenkt, dann wird man auch die gleichen Ergebnisse erhalten. Und da vieles, was ich dir sagen werde, sehr neu für dich ist, möchte ich etwas vorschlagen: Urteile nicht, bevor du es nicht getan hast. [...] Worauf wir uns in unserem Leben konzentrieren, das wird auch wachsen. Die meisten Menschen konzentrieren sich auf Dinge, die sie nicht wollen, anstatt sich Dinge vorzustellen, die sie haben wollen.“

Bodo Schäfer, *1960

▶ Sieh dir noch einmal deine Wünsche auf S. 28 und 31 an und schreibe für dich persönlich auf, wie sich dein Leben verändern würde, wenn du diese Dinge hättest. Überlege, mit welchen Schritten du anfangen kannst, um sie zu erreichen. Falls es Wünsche sind, die du dir nicht selbst erfüllen kannst, überlege dir drei Wünsche, bei denen das möglich ist.

▶ Mache dann eine Liste und notiere, was du als Erstes dafür tun willst. Wenn ihr wissen wollt, wie die Geschichte weitergeht, könnt ihr nachlesen in: Bodo Schäfer, Ein Hund namens Money, Lentz Verlag, München 2000.

Erkenne dich selbst, Mensch!

Eine wesentliche Grundfrage des menschlichen Daseins ist die Frage nach dem Wesen des Menschen: Was oder wer ist eigentlich der Mensch? Wo kommt er her, wer oder was hat ihn erschaffen und wodurch wird er in seinem Leben bestimmt? Im Mittelpunkt dieser Frage steht natürlich für jeden Einzelnen von uns die Frage, wer wir selbst sind.

Wer bin ich?

▶ Beschreibt in den folgenden Zeilen, wer ihr seid, was ihr wollt, was euch beschäftigt, was euch bestimmt, was ihr mögt und was euch nicht gefällt usw. Schreibt zum Schluss auf, was für euch am wichtigsten ist. Ihr könnt zur Vorbereitung auch ein Mind-Map von euch machen, z. B. auf S. 63. Dazu schreibt ihr euren Namen in die Mitte der Seite und geht dann vor, wie auf S. 12 beschrieben.

▶ Diskutiert über die Frage: Was ist für euch am wichtigsten an einem Menschen? Sammelt die Ergebnisse an der Tafel und sortiert sie dann nach Gruppen.

Was ist der Mensch?

Jeder Mensch ist ein Abgrund.

Georg Büchner, 1813–1837, deutscher Dichter

Der Mensch ist das Maß aller Dinge.

Protagoras von Abdera, ca. 485–415 v. Chr., griechischer Philosoph

Der Mensch:
Ein durch die Zensur gerutschter Affe.

Gabriel Laub, 1928–1998, polnisch-deutscher Schriftsteller

Beim Menschen ist kein Ding unmöglich.
Im Schlimmen, wie im Guten.

Christian Morgenstern, 1871–1914, deutscher Schriftsteller

Denn ich bin ein Mensch gewesen,
und das heißt ein Kämpfer sein.

Johann Wolfgang von Goethe, 1749–1832, deutscher Dichter

Der Mensch ist die Krone der Schöpfung. Wie schade, dass es eine Dornenkrone ist.

Stanisław Jerzy Lec, 1909–1966, polnischer Lyriker

Was ist der Mensch?
Halb Tier, halb Engel.

Joachim Lorenz Evers, 1758–1807, deutscher Schriftsteller

Des Menschen Herz erdenkt sich seinen Weg;
aber der HERR allein lenkt seinen Schritt.

Sprüche Salomons 16,9

- Besprecht in der Klasse, was die einzelnen Zitate über den Menschen aussagen.
- Überlege dir drei eigene Beschreibungen des Menschen und schreibe sie in die leeren Zeilen.
- Stellt eure Ergebnisse der gesamten Lerngruppe vor und diskutiert eure verschiedenen Definitionen des Menschen.

Woher kommt der Mensch?

Die Frage nach dem Wesen und der Bestimmung des Menschen ist eng verbunden mit der Frage, woher der Mensch überhaupt kommt und wie er sich zu dem Lebewesen entwickelt hat, das er heute ist. Auch hier gibt es sehr viele Antworten und Erklärungsversuche, an die die Menschen in der Vergangenheit glaubten und glauben wollten. Die in Europa bekanntesten Mythen[1] *von der Erschaffung des Menschen stehen in der Bibel im 1. Buch Mose. Doch auch in vielen anderen Kulturen haben die Menschen versucht, ihren Ursprung zu ergründen, indem sie sich Mythen erzählten und weitergaben. Ein Inuk*[2] *schreibt dazu:*

Es ist schwierig zu verstehen, wie wir selbst entstanden sind, welche Eigenschaften wir von Natur aus haben und worin unsere Aufgabe auf der Erde besteht. Dunkel liegt über allem Anfang und über allem Ende. Wie könnte man mehr wissen über all das, was wir Luft, Himmel und Meer nennen, und über unsere Rolle, die wir in der Natur spielen? Woher kommt all das Leiden und warum gibt es den Tod? Weshalb gibt es Mann und Frau und wie sollen sie miteinander leben? Nein, niemand kann hier mit Sicherheit etwas wissen.

Worte eines Inuk vom Noatakfluss

1 Mythe: überlieferte Dichtung, Sage oder Erzählung aus der Vorzeit eines Volkes, die sich vor allem mit Göttern, Dämonen, Entstehung der Welt und der Erschaffung des Menschen befasst.
2 Inuk, Inuit: Bezeichnung für Eskimos. Die beleidigende Bezeichnung „Eskimo" (Rohfleischfresser), geprägt von den Athabaska-Indianern, wurde von den Europäern übernommen. Die Menschen der Arktis nennen sich jedoch Inuit (Singular: Inuk) was „der Mensch" bzw. „das Volk" bedeutet. Die Inuit bevölkern die Arktis, d. h. Alaska, den Norden Kanadas, Sibirien und Grönland.

Die Winnebago, ein Indianervolk aus der Prärie des mittleren Westens Nordamerikas, erzählten sich die folgende Mythe:

Am Anfang saß der Schöpfer der Erde im leeren Raum. Als er merkte, dass nichts existierte, begann er zu weinen. Die Tränen rollten über seine Wangen und fielen vor seine Füße. Als er nach einer Weile nach unten blickte, sah er, dass sich aus seinen Tränen die Großen Seen gebildet hatten. Der Schöpfer sagte sich: „So wie meine Tränen zu Seen geworden sind, reicht es aus, dass ich mir etwas wünsche. Dann wird es so, wie ich es mir denke."

Also wünschte er sich, dass Licht werde. Und es wurde Licht. Er wünschte sich, dass die Erde sei. Und die Erde war da. Er betrachtete sie und fand sie schön. Die Erde hörte nicht auf, sich zu bewegen. Also schuf er Bäume, um sie festzuhalten. Aber sie bewegte sich weiter. Also schuf er Felsen und Steine. Und immer noch bewegte sich die Erde. Also schuf er die vier Winde aus dem Norden, Osten, Süden und Westen. Diese versuchten, wie Taue mit ihrer Kraft die Erde zu halten. Dennoch bewegte sie sich weiter. Also schuf der Schöpfer vier große Wesen und schoss sie wie Pfeile ab, damit sie die Erde durchbohrten und auf der anderen Seite herausschauen würden. Das waren die vier schönen Schlangen. Nun stand die Erde still und alles wurde ruhig. Der Schöpfer dachte: Da ja alles nach meinen Wünschen Form annimmt, werde ich ein Wesen nach meinem Ebenbild schaffen.

Er nahm ein Stück Ton und formte es nach seinem Ebenbild. Er betrachtete es und sprach zu ihm. Aber es hatte weder Geist noch Sprache noch eine Seele. Der Schöpfer der Erde gab ihm all dies und sprach erneut zu ihm. Das Stück Ton antwortete ihm, aber er konnte es nicht verstehen. Also hauchte er in seinen Mund, sprach zu ihm, und sein Ebenbild antwortete mit klaren Worten. So erschien der Mensch auf der Welt.

▶ Wie würdet ihr dem Inuk die Fragen aus dem ersten Text beantworten?

Mythen im Vergleich

▶ Schreibt die Mythe des Indianervolkes weiter, so dass auch die Fragen nach dem Leiden und dem Tod und nach der Aufgabe von Mann und Frau beantwortet werden.

▶ Lest die beiden Schöpfungsmythen in der Bibel im 1. Buch Mose 1,1–2,4 a und 2,4 b–25. Ihr könnt sie auch im Internet nachlesen unter ***www.bibel-online.net***. Notiert euch die Reihenfolge der Entstehung der Lebewesen bis zum Menschen und vergleicht diese Schöpfungsgeschichten mit der Mythe der Winnebago-Indianer. Falls ihr Fragen zu den beiden Geschichten aus der Bibel habt, könnt ihr einen Religionslehrer oder eine Pfarrerin in den Unterricht einladen.

▶ Informiert euch im Biologieunterricht über die naturwissenschaftliche Erklärung für die Entwicklung der Lebewesen und vergleicht auch hier die Reihenfolge mit der Entwicklung in den Mythen.

Was ist „Sinn"?

▶ Notiere um das Wort „Sinn" herum alle Wörter, Sprichwörter oder Aussprüche, die das Wort „Sinn" enthalten:

▶ Schreibe die drei Begriffe auf, die deiner Meinung nach am wichtigsten sind:

1.

2.

3.

▶ Suche das Wort im Duden und notiere die dort aufgelisteten Bedeutungen:

Lebensstil und Lebensweg

Wir haben alle unseren eigenen Lebensstil. Obwohl jedes Individuum in ein bestimmtes geografisches, historisches, kulturelles und soziales Gefüge hineingeboren wird, findet es seinen Weg. So eng die Beziehungen zwischen zwei Menschen auch sein mögen, so unterschiedlich sind ihre Charaktere – jeder hat sein eigenes Leben zu leben.

Konstantin Kolenda, 1924–1990, amerikanischer Philosoph

- Beschreibe die wichtigsten Elemente deines Lebensstils:

- Der Philosoph Konstantin Kolenda beschreibt in seinem Zitat, dass jeder Mensch von seiner geografischen, kulturellen und sozialen Umgebung sowie von der historischen Vergangenheit (Geschichte) beeinflusst wird. Überlegt zusammen in der Klasse, wie dies jeweils bei euch aussieht und welche Unterschiede es in eurer Klasse gibt. Schreibe dann auf, was auf dich persönlich zutrifft.

Geografische Umgebung:

Soziale Umgebung:

Kulturelle Umgebung:

Historische Vergangenheit:

- Schreibe nun stichwortartig auf, wie dein Lebensweg bisher aussah.

Lebenssinn

▶ Was ist die Aussage dieser Karikatur?

Eine Pflanze, ein Tier, ein Gegenstand kennt die Frage nach dem Sinn des Daseins nicht. Dass es da ist, das ist der Sinn des Daseins. Auch der primitive Mensch fragt nicht, auch der naive nicht, das Kind zum Beispiel […]. Dass es dem Menschen als einzigem Geschöpf vorbehalten ist, diese Frage zu stellen, sagt uns, dass er sie stellen soll. Sie gehört wesentlich zum Menschen.

Luise Rinser, 1911–2002, deutsche Schriftstellerin

▶ Diskutiert die Aussage von Luise Rinser: Muss der Mensch auch eurer Meinung nach die Frage nach dem Sinn stellen? Begründet eure Meinung im Gespräch. Schreibt dann einen kurzen Text darüber.

Vom Leben Abschied nehmen

Der Mensch ist nicht nur das einzige Lebewesen, das nach dem Sinn seines Daseins fragt, sondern auch das einzige Lebewesen, das weiß, dass es sterben wird. Die Gewissheit des Todes beeinflusst auch die Fragen nach dem Sinn und dem Ziel unseres Lebens. Denn es gibt verschiedene Möglichkeiten, mit dieser Gewissheit umzugehen. Man kann den Tod verdrängen und sich ganz dem Leben zuwenden oder das Leben intensiver nutzen, gerade weil man um seine Endlichkeit weiß.

Das Größte, wenn auch alltägliche Ereignis in der Geschichte ist die Geburt oder der Tod eines Menschen.

Aleksander Swietochowski, 1849–1938, polnischer Philosoph

Wenn ich täglich befürchte, die um mich sind, morgen nicht wiedersehen zu können, habe ich anders Umgang mit ihnen, als wenn ich zu wissen glaube, mich morgen schon wieder über sie ärgern zu müssen.

Wolfdietrich Schnurre, 1920–1989, deutscher Schriftsteller

Wahrscheinlich ist keine Menschheit je dem Tode gegenüber so ratlos gewesen wie die heutige.

Carl Friedrich von Weizsäcker, *1912, deutscher Physiker und Philosoph

Man stirbt, wie man lebte; das Sterben gehört zum Leben, nicht zum Tod.

Ludwig Marcuse, 1894–1971, deutsch-amerikanischer Philosoph

Lehre uns bedenken, dass wir sterben müssen, auf dass wir klug werden.

Psalm 90,12

▶ Sprecht in der Klasse über die einzelnen Zitate und erklärt sie. Schreibt dann ein Gespräch, in dem sich zwei Personen über den Vers aus Psalm 90,12 unterhalten: „Lehre uns bedenken, dass wir sterben müssen, auf dass wir klug werden."

Von Geistern beherrscht?

Ina hat ein Gespräch mit ihrem Vater über Gläserrücken und andere okkulte Praktiken geführt. Während Inas Vater scheinbar unerklärliche Erscheinungen, wie z. B. das selbstständige Bewegen von Gläsern, mit der Macht des Unbewussten zu erklären versucht – „... so lenken sie das Glas unbewusst auf ‚Ja'" –, bleibt Ina skeptisch. Stellt euch vor, Ina trifft sich im Anschluss an das Gespräch mit ihrer Freundin Lisa. Beide führen eine Unterhaltung über den Glauben an Geister. Während Lisa genauso wenig an Geister glaubt, führt Ina ihre Haltung aus dem Gespräch mit ihrem Vater fort.

▶ Überlegt euch Antworten von Lisa und schreibt sie in die leeren Zeilen.

Ina: Hallo, Lisa. Ich komme gerade von Bernds Party. Wir haben da Gläserrücken gemacht, und dieses Mal hat sich der Geist von ________ gemeldet.

Lisa: ____________________

____

____

____

Ina: Ich verstehe gar nicht, dass du mir nicht glaubst. Das Gläserrücken funktioniert wirklich fast immer, und wir können auch Geister rufen, an die keiner von uns gedacht hat.

Lisa: ____________________

____

____

____

Ina: Neulich sprachen wir sogar mit dem Geist der Großmutter von Eva. Eva kannte ihren Namen selbst nicht, weil sie ihre Stiefoma für ihre richtige Großmutter hielt. Erst später stellte sich heraus, dass der Geist tatsächlich den Namen ihrer wirklichen Großmutter trug.

Lisa: ____________________

____

____

____

Ina: Ich merke schon, dass du mir nichts glaubst. Auch nicht, wenn ich dir jetzt erzähle, dass der Geist von Evas Großmutter ihr sagte, dass sie am 31. Juli 20.... mit 17 Jahren bei einem Motorradunfall ums Leben kommen wird.

Lisa: ____________________

____

____

____

Ina: Dass so etwas ganz schön gefährlich sein kann, weiß ich auch. Aber es ist eben nun mal so, dass unser Schicksal von guten und bösen Geistern gelenkt wird. Und dann ist es besser, man weiß, was auf einen zukommt, als wenn man blind in den Tag hineinlebt.

Lisa: ____________________

____

____

____

Ina: Irgendwie habe ich das Gefühl, mit dir wie mit meinem Vater zu reden. Für den gelten auch nur vernünftige Erklärungen, und alles andere hält er für gefährlich.

Lisa: ____________________

____

____

____

Die Erforschung des Übernatürlichen

Parapsychologie heißt die Wissenschaft, die sich mit scheinbar unerklärlichen Erscheinungen beschäftigt. Parapsychologen sammeln Berichte darüber, fahren auch an die Orte des ungewöhnlichen Geschehens und führen Experimente mit Menschen durch, die auf diesen Gebieten besonders begabt bzw. auffällig sind. Hinter all diesen Erscheinungen vermuten diese Wissenschaftler eine besondere Fähigkeit des Menschen, die so genannte Psi-Kraft. Okkulte Erscheinungen werden also auf die Seele als Ursache (Animismus) und nicht auf Geister (Spiritismus) zurückgeführt. Sie lassen sich nach Ansicht der Parapsychologen eventuell von besonders begabten Menschen willentlich hervorbringen; ansonsten würden sie meistens unkontrolliert und spontan auftreten, weshalb ihr wissenschaftlicher Beweis so schwierig wäre.

▶ Beschreibe mit eigenen Worten das Vorgehen und die Erklärungen der Parapsychologen.

____

____

____

Parapsychologen unterscheiden zwischen Erscheinungen, die nur innerhalb der Psyche (Seele) wirken, und solchen, die auch Veränderungen in der Außenwelt hervorrufen. Die Erscheinungen sind so geordnet, dass die Wahrscheinlichkeit ihres Auftretens von links nach rechts abnimmt.

Parapsychologie

- Außersinnliche Wahrnehmung (ASW)
  - Hellsehen
  - Telepathie
  - Präkognition
- Psychokinese
  - Fernbewegung
  - Materialisation

__________: Vor dem inneren Auge entstehende Wahrnehmung von Dingen oder Ereignissen, die man eigentlich nicht wissen kann, weil sie in der Zukunft liegen oder an einem anderen Ort geschehen.

__________: Aus nebelartigen Gebilden oder auch aus Stimmen von Medien sollen sich körperliche Erscheinungen entwickeln.

__________: Vorausahnung oder Vorauswissen von kommenden Ereignissen, oft in Wahr- oder Tagträumen.

__________: Bewegung von Gegenständen durch Gedankenenergie, ohne sie zu berühren.

__________: Das Wahrnehmen der seelischen Vorgänge eines anderen Menschen ohne Vermittlung der Sinnesorgane.

Außersinnliche Wahrnehmung:

____

____

Psychokinese:

____

____

▶ Ordnet den Erklärungen die richtigen Begriffe zu. Die Begriffe „Außersinnliche Wahrnehmung" und „Psychokinese" könnt ihr im Schülerlexikon von „Ethik 7/8" nachlesen.

▶ Wie ist deine Meinung? Meinst du, dass die Untersuchungen der Parapsychologen beweisen, dass es „Psi-Kräfte" (siehe oben, Einleitungstext) gibt?

Infobogen

Ergänzend zu Ethik 7/8 S. 138 – 143 könnt ihr dieses Muster zur Information über religiöse Gruppierungen ausfüllen.

Name: ______________________ Symbol: ______________

Einstufung als
☐ christlich ☐ hinduistisch-buddhistisch ☐ allgemein-religiös
☐ satanisch ☐ Psychokult

Wichtige Daten:

Wann und von wem begründet: ______________________

Mitgliederzahl und Verbreitung: ______________________

Adressatengruppe: ______________________

Art der Werbung: ______________________

Vermögen und Vermögensbildung: ______________________

Selbstverständnis:

Lehre und Ziele: ______________________

____

____

Stellung des Gründers: ______________________

____

Lebensform: ______________________

____

Einschätzung:

Festzustellende Merkmale einer Sekte

____

____

Umgang mit Aussteigern: ______________________

____

Gefährlichkeit: ______________________

____

Wie groß ist die Gefahr?

1998 führte die Zeitschrift „Der Spiegel" ein Interview mit dem Sektenbeauftragten des Landes Schleswig-Holstein Hans-Peter Bartels über die Gefahren von Sekten. Es wird hier gekürzt und vereinfacht wiedergegeben:

SPIEGEL: Sie warnen seit Jahren vor Psycho- und Esoterikgruppen[1]. Wie groß ist die Gefahr?

Bartels: Man darf die wachsende Verbreitung dieser Gruppen nicht als harmlos abtun. Ihre Methoden ähneln sich auffallend. Viele haben den gesamten esoterischen Bauchladen im Angebot. Das kann ich unverbindlich als Einzelner oder in eher harmlosen Gruppen absolvieren, es kann mich aber auch in gefährlichere Zirkel von Sekten ziehen, die mir bald ihre wirren Vorstellungen überstülpen wollen.

SPIEGEL: Warum boomen gerade Kulte, die an außerirdische Heilsbringer wie aus Science-Fiction-Serien glauben?

Bartels: Das Privatfernsehen und andere Medien liefern den Leuten täglich außerirdischen Stumpfsinn von angeblichen Ufos oder außerirdischen Wesen.
Das vergrößert bei vielen Menschen die Bereitschaft, an ein Seelenheil aus dem Weltall zu glauben.

SPIEGEL: Kann der Staat den Missbrauch Hilfesuchender verhindern?

Bartels: Nicht durch Verbote der Gruppen. Da ist eine bessere Aufklärung notwendig, und der Ausstieg aus solchen Zirkeln muss erleichtert werden. Viele Organisationen verschulden ihre Mitglieder bis in den Bankrott und machen sie damit abhängig.

SPIEGEL: Immer wieder machen Sektengurus mit Selbstmordbefehlen auf sich aufmerksam. Was bringt Menschen zu solchem Gehorsam bis in den Tod?

Bartels: Am Anfang sind es eher primitive Methoden: Ich überschütte den Hilfesuchenden mit Frohsinn und Spaß, suche – jenseits der Kurse – privaten Kontakt, der sich dann immer enger um das Mitglied schlingt und es allmählich von seiner alten Umgebung abschnürt. Bei Veranstaltungen setze ich neben jeden Neuling zwei bewährte Sektenmitglieder. Wenn die beiden lachen, lacht der Neue auch, wenn sie klatschen, klatscht er mit.
Letztlich ist es dieses Gemeinschaftsgefühl, die Geborgenheit, die Anhänger bis in den Selbstmord treiben kann – und sei es nur, um nicht als einziger Überleben-der zurückzubleiben.

SPIEGEL: Besteht ein Zusammenhang zwischen den wachsenden Austritten aus den Großkirchen und dem Zulauf unter Sektenanhängern?

Bartels: Jede Gesellschaft hat die Sekten, die zu ihr passen. In den siebziger Jahren war die große Zeit der Gurus. Ein Führer für alle, überall auf der Welt. Heute leben die Menschen vereinzelter, der Glaube an die großen Kirchen wiegt weniger. Manche allein Gelassenen suchen daher als Ausgleich in kleineren Zirkeln nach Sinn, Orientierung und Autoritäten. Für sie ist ihre Sekte oft ein Familienersatz.

Der Spiegel, 12.1.1998

1 Esoterik: Allgemein eine Lehre, die nur einem Kreis von Eingeweihten bekannt und verständlich ist; darüber hinaus auch eine Sammelbezeichnung für Lehren, die vom Wirken übernatürlicher Kräfte ausgehen.

- ▶ Über welche Methoden von Sekten, neue Mitglieder zu bekommen, berichtet Hans-Peter Bartels?

- ▶ Beschreibe mit eigenen Worten die Gefahren, die er in den Sekten sieht.

- ▶ Welche Ursachen für die Erfolge der Sekten vermutet Hans-Peter Bartels?

- ▶ Siehst du die Ursachen und Gefahren der Sekten genauso wie Hans-Peter Bartels?

Lob und Klage

Das Verhältnis zwischen Mensch und Natur ist vielschichtig, und die Natur spielt für das Lebensumfeld des Menschen immer eine bedeutende Rolle. Der Mensch kann die Natur verehren oder sich an ihr erfreuen, wie z. B. an einem blühenden Frühlingsbaum. Er kann sie in den Naturwissenschaften erforschen und durch die Landwirtschaft als Nahrungsquelle nutzen. Er kann in Konflikt mit der Natur geraten durch Umweltzerstörung, oder die Natur kann ihm übermächtig erscheinen wie bei Naturkatastrophen. Ökonomische Interessen stehen oft in Konfrontation zu ökologischen Interessen. Es wird nach neuen Wegen gesucht, beides miteinander in Einklang zu bringen, wie beispielsweise bei der Suche nach erneuerbaren Energien. Viele Menschen haben ihr Verhältnis zur Natur in Gedichten beschrieben.

Sonnengesang

Ich lobe dich für die Schwester Sonne!
Du zündest sie jeden Tag für uns an.
Sie ist schön und glänzt.
Sie erzählt uns von dir.

Ich lobe dich für den Bruder Wind,
für die Luft und die Wolken,
für schönes und schlechtes Wetter!
Du hast sie gemacht, damit wir leben können.

Ich lobe dich für das Wasser!
Es lässt die Pflanzen wachsen,
es stillt den Durst, und wir können darin baden.

Ich lobe dich für das Feuer!
Es macht uns die Nacht hell,
es wärmt uns und kocht unser Essen.

Ich lobe dich für die Mutter Erde!
Auf ihr können wir gehen und spielen.
Sie lässt die großen Bäume
und die vielen Früchte wachsen
und bunte Blumen und grünes Gras.

Franziskus von Assisi, 1181/82–1226,
italienischer Ordensgründer der Franziskaner

Nachricht

FRANKFURT. Zehntausend
Fische erstickten
Im öligen Main.
Kein
Grund für die Bürger der Stadt,
zu erschrecken.
Die
Strömung ist günstig,
sie treibt
das
Heer der silbernen Leichen,
der fliegengeschmückten,
rasch
an den Quais vorbei.
Der Wind
verweht den Geruch,
ehe er unsere verletzlichen Sinne
erreicht.
Alles
ist auf das beste geordnet.

Hans Kasper

▶ Beschreibe mit deinen eigenen Worten, was Franz von Assisi und Hans Kasper mit ihren Gedichten ausdrücken wollten:

Franz von Assisi: ______________________

____

____

Hans Kasper: ______________________

____

____

____

Naturerlebnisse

▶ Beschreibe hier zwei unterschiedliche Erlebnisse in der Natur und begründe, weshalb sie schön bzw. schrecklich waren.

Ein schönes Naturerlebnis

Ein schreckliches Naturerlebnis

Tat-Ort Schule

Müllnotstand ist Schulalltag

Auch an eurer Schule? Dann kommt euch folgende Szene sicherlich bekannt vor: Ding, dong, dong. Der erlösende Klang dringt in alle Ecken. Eine Tür nach der anderen wird aufgerissen und Schüler sowie Lehrer drängen aus den Klassenräumen in die wohlverdiente Pause. Am Kiosk warten allerlei Leckerbissen – allerdings nur auf den ersten Blick. Genauer hingeschaut, handelt es sich meistens um aufwändig verpackte Sweetys: Milchschnitten, Fruchtzwerge, Mini-Bountys, Mini-Schokos, in Folien verschweißte Chips, Cola in Dosen, Milch in Tetrapacks, Pudding und Joghurt in Plastikbechern usw., usw. Nach der Pause dann immer wieder das gleiche Elend: überquellende Abfalleimer und zerknüllte Verpackungen in allen Ecken – als wäre die Müllabfuhr in den Streik getreten. Kurz darauf macht der Hausmeister alles wieder sauber und das Spiel kann am nächsten Tag von vorne beginnen. Irgendwie stinkt der Müll allen. Trotzdem gibt es von Jahr zu Jahr mehr davon. Doch der Pausenkiosk ist nicht der einzige „Tatort" an der Schule. In vielen Sekretariaten wird weder Papier gespart, noch Umweltschutzpapier verwendet. Die Kopierer spucken massenhaft einseitig bedruckte Blätter aus. Viele Schüler und Lehrer schleppen in ihren Schultaschen kleine „Sondermülldeponien" mit sich herum: Tintenkiller, lösungsmittelhaltige Filzstifte und Marker, Radiergummis aus PVC und vieles mehr.

Naturschutz beginnt bei uns

Wenn ihr diese Situation auch aus eurer Schule kennt, könnt ihr etwas dagegen unternehmen:

- Jedes Mitglied der Lerngruppe befragt zehn Schüler und Schülerinnen und/oder Lehrer und Lehrerinnen anhand des Fragebogens nach seinem bzw. ihrem „Müllverhalten" in der Schule.
- Informiert euch darüber, welche Lösungen die Schüler und Lehrer an anderen Schulen für die Müllentsorgung und für die Müllvermeidung gefunden haben.
- Die Bögen werden erst von jedem Einzelnen ausgewertet. Notiert dabei, wie häufig die jeweilige Antwort genannt wurde.
- Tragt eure Ergebnisse zusammen.
- Überlegt nun gemeinsam, wo etwas verändert werden könnte.
- Entwerft eine Liste mit Alternativen für

das Verhalten der Schülerinnen und Schüler:	– Radiergummis aus Naturkautschuk
	– ______________________
den Pausenkiosk:	– Pfandflaschen einführen
	– Obst lose verkaufen
	– ______________________
das Sekretariat:	– Umweltschutzpapier einführen
	– ______________________

- Überlegt in einem Aktionsplan, wie ihr eure Ideen verwirklichen könnt.
- Sprecht mit dem Schulleiter, dem Hausmeister, den Lehrerinnen und Lehrern usw.

Umfrage

Umfrage an der Schule

1. **Findest du/Finden Sie, dass an unserer Schule zu viel Müll produziert wird?**
☐ ja ☐ nein
☐ Das ist mir egal. ☐ geht ja gar nicht anders

2. **Hättest du/Hätten Sie Lust, bei einer Schul-Müll-Diät mitzumachen?**
☐ Nein, finde ich uncool.
☐ Ja, wenn's nicht zu anstrengend ist.

3. **Kaufst du/Kaufen Sie Hefte, Umschläge, Ordner usw. aus Altpapier?**
☐ ja, immer ☐ nein
☐ Gibt's in meinem Laden nicht. ☐ manchmal

4. **Was für einen Füller verwendest du/verwenden Sie?**
☐ Patronenfüller ☐ Kolbenfüller ☐ gar keinen
☐ Füller mit Tintenkonverter (nachfüllbare Patrone)

5. **Verwendest du/Verwenden Sie Kugelschreiber?**
☐ ja, Kugelschreiber mit Wechselminen
☐ ja, Einweg-Kugelschreiber ☐ nein
☐ Ich schreibe mit allem, was mir so zwischen die Finger kommt.

6. **Würdest du/Würden Sie umweltfreundliche Schulmaterialien kaufen, wenn sie in der Nähe oder direkt an der Schule angeboten würden?**
☐ Ich kaufe nur solche Materialien.
☐ auf jeden Fall ☐ Ja, wenn sie nicht teurer sind.
☐ vielleicht ☐ nein

7. **Was hältst du/Was halten Sie von Tintenkillern?**
☐ nützlich ☐ Würde ich nie benutzen.
☐ verzichtbar ☐ Ich streiche alles durch.
☐ benutze ich manchmal

8. **Werden in der Klasse oft Kopien verteilt oder wird eher mit Overheadprojektoren (OHP) gearbeitet?**
☐ immer Kopien
☐ selten Kopien, meist werden OHPs[1] eingesetzt
☐ gleich verteilt: mal OHP, mal Kopien

9. **Hat dein/Hat Ihr Taschenrechner Batterien?**
☐ ja ☐ Ich rechne alles im Kopf aus.
☐ Ich rechne grundsätzlich nicht.
☐ Nein, ich habe einen Solarrechner.
☐ Nein, ich habe einen Rechner mit Akku.

10. **Nimmst du dir/Nehmen Sie sich von zu Hause ein Pausenfrühstück mit?**
☐ Nein, ich kaufe mir, was ich brauche, am Kiosk.
☐ Nein, ich frühstücke nicht in der Schule.
☐ ja

1 OHP: Overheadprojektor, Tageslichtprojektor

Wenn ja, wie ist dein/Ihr Frühstück verpackt?
☐ Alufolie ☐ Butterbrotpapier
☐ Frischhaltebox ☐ anderes Behältnis

11. **Ich trinke in der Pause aus**
☐ Dose ☐ Getränketüte
☐ Einwegflasche ☐ Mehrwegflasche
☐ Plastikbecher ☐ Thermosflasche
☐ anderen Behälter

12. **Was machst du/Was machen Sie mit dem Abfall vom Pausenfrühstück?**
☐ Ich frühstücke müllfrei. ☐ sonstiges
☐ Den schmeiße ich in die gelbe Tonne.
☐ Irgendwo wird er schon landen.
☐ Ich sortiere ihn auf die verschiedenen Tonnen.
☐ Wenn es die Recyclingtonnen gäbe, würde ich sie benutzen.

13. **Würdest du/Würden Sie Dosen und Einwegflaschen stehen lassen, wenn es Getränke in Pfandflaschen gäbe?**
☐ ja ☐ Nur, wenn sie nicht teurer sind.
☐ Nein, ist mir zu umständlich.
☐ Weiß ich noch nicht.

14. **Wie findest du/Wie finden Sie das Angebot am Pausenkiosk?**
☐ gut ☐ geht so ☐ weniger gut
☐ schlecht ☐ müllintensiv

15. **Was fehlt dir/Was fehlt Ihnen bei der Pausenversorgung?**

____

16. **Könnte man bei der Pausenversorgung auf bestimmte Verpackungen verzichten?**
☐ ja, auf __________ ☐ nein
☐ Lose verkauftes Obst wäre gut.
☐ belegte Brötchen auf die Hand
☐ Getränkedosen und Einwegflaschen durch Mehrweg ersetzen
☐ Jeder sollte seinen eigenen Becher für den Getränkeautomaten mitbringen.

17. **Wie findest du/Wie finden Sie es, dass wir die Schule müllfrei machen wollen?**
☐ gut ☐ hat keinen Zweck ☐ blöd
☐ Mir gehen alle Ökonasen auf den Sender.

18. **Würdest du/Würden Sie uns bei Aktionen unterstützen?**
☐ ja ☐ manchmal ☐ nein
☐ Wenn ich nicht im Müll herumwühlen muss.
☐ Es kommt darauf an, bei welcher Aktion.

Religion entdecken

Religion, Glauben, Beten – welche Bedeutung hat das in unserem Leben? Die Frage stellt sich auch im Ethikunterricht, da die Weltreligionen das Zusammenleben der Menschen und die Wert- und Zielvorstellungen in unserer Gesellschaft in der Gegenwart und Vergangenheit bedeutend geprägt haben. Doch warum interessieren sich so viele Menschen für Religion bzw. für die Religionen? Ein wesentlicher Grund ist sicher, dass alle Religionen versuchen, dem Menschen Antworten zu geben auf die wesentlichen Fragen, die ihn in seinem Leben beschäftigen:

▶ Denke nach, wann und wo du in deinem Leben mit Religion in Verbindung gekommen bist, und berichte kurz darüber:

▶ Schreibe folgenden Satz zu Ende:

Religion bedeutet für mich

▶ Suche im Wörterbuch oder im Lexikon eine Definition des Wortes „Religion" und notiere sie hier:

Religion:

Religion im Alltag: Leben und Glauben

Die Frage, ob es einen Gott gibt.

Einer fragte Herrn K., ob es einen Gott gäbe. Herr K. sagte: „Ich rate dir nachzudenken, ob dein Verhalten je nach der Antwort auf diese Frage sich ändern würde. Würde es sich nicht ändern, dann können wir die Frage fallen lassen. Würde es sich ändern, dann kann ich dir wenigstens noch so weit behilflich sein, dass ich dir sage, du hast dich schon entschieden: Du brauchst einen Gott."

Bertolt Brecht, 1898–1956, deutscher Schriftsteller

▶ Erkläre, was Herr K. meint mit dem Ausspruch: „Du brauchst einen Gott."

▶ Erkläre, weshalb für manche Menschen die Frage, ob es einen Gott gibt, so wichtig ist.

Interview: Wie wichtig ist für Sie die Religion?

▶ Interviewe fünf oder mehr Personen über ihre Beziehung zur Religion. Dies kann auch anonym geschehen. Du kannst entweder einen Kassettenrekorder mit Mikrofon mitnehmen oder die Antworten auf die Fragen während des Interviews aufschreiben.

1. *Gehörst du/Gehören Sie einer Religionsgemeinschaft an?* ☐ *Ja* ☐ *Nein*
2. *Wenn ja, welcher?*
3. *Übst du/Üben Sie deine/Ihre Religion aktiv aus?* ☐ *Ja* ☐ *Nein*
4. *Wenn ja, wie? Wenn nein, warum nicht?*
5. *Welchen Sinn erfüllt die Religion für dich/Sie?*

▶ Wertet die Fragebögen gemeinsam aus und stellt eine Statistik über die Ergebnisse zusammen.

▶ Diskutiert die Ergebnisse in der Lerngruppe.

Judentum

Das Judentum, das Christentum, der Islam, der Buddhismus und auch der Hinduismus werden als Weltreligionen bezeichnet. Das bedeutet, dass ihre Lehre nicht an ein einziges Volk oder an eine einzige Kultur gebunden ist, sondern über die ganze Welt ausgebreitet ist. Auf den folgenden Seiten werden vier Weltreligionen nach ihren Ursprüngen, ihrem Gottesbild und nach der Stellung des Menschen innerhalb der Religion befragt. Auch die Art und Weise der Ausübung des Glaubens im täglichen Leben der Gläubigen wird thematisiert. Das Judentum bildet die gemeinsame Wurzel von Christentum und Islam. Heute gibt es ca. 18 Millionen Juden auf der Welt, das sind ca. 0,3 % der Weltbevölkerung. Im Staat Israel leben ca. 4,7 Millionen Juden, in Nordamerika gibt es die größte jüdische Gemeinde mit 7,2 Millionen Juden. Vor dem Beginn der Verfolgung durch das Nazi-Regime lebten in Deutschland 600 000 Menschen jüdischen Glaubens, heute sind es 63 000.

▶ Wo habe ich Erfahrungen mit dem Judentum gemacht und was habe ich davon gehört?

Die große Menorah an der Knesset, dem israelischen Parlamentsgebäude in Jerusalem, zählt zu den Wahrzeichen der Hauptstadt Israels. Die Menorah, ein siebenarmiger Leuchter, ist eines der Symbole des Judentums.

Die Ursprünge

Die jüdische Zeitrechnung beginnt vor ca. 3800 Jahren, also 1800 Jahre vor Christi Geburt. Dies ist jedoch nicht historisch gesichert, sondern baut auf den Angaben des Alten Testaments auf. Abraham und seine Söhne Isaak und Jakob, die ca. 1800–400 v. Chr. lebten, sind die Stammväter Israels. Als Zeichen des Bundes sollten alle Nachfahren Abrahams beschnitten werden.

Der jüdische Gott

Im Mittelpunkt der jüdischen Religion steht der Glaube an einen Gott. Als Schöpfer und Erhalter der Welt hat er sich dem Volk Israel in besonderer Weise zugewandt. Er hat mit den Stammvätern Abraham, Isaak, Jakob und Moses als Stellvertreter für das Volk einen Bund geschlossen. Das Verhältnis des alttestamentlichen Gottes zu seinem Volk Israel ist ein Rechts- und Bundesverhältnis: Gott verspricht seinem Volk Treue und Beistand auf dessen Weg durch die Geschichte, während dieses sich verpflichtet, die göttlichen Gebote einzuhalten. Der Glaube an die Auserwählung bedingt auch den Verzicht des Judentums auf Mission, im Unterschied zum Christentum.

Der Mensch im Judentum

Das Judentum wird getragen durch die Verantwortung seiner Gläubigen vor Gott. Er zeigt diese in seinem alltäglichen Leben und Handeln. Es gibt keinen Mittler zwischen Gott und den Menschen, der ihn von seiner Verantwortung Gott gegenüber oder von seinen Sünden befreien könnte, wenn er Gesetze und Vorschriften nicht einhält. Am höchsten jüdischen Feiertag, dem Jom Kippur (dt.: Sühne), bitten die Juden Gott um Vergebung. Sie verzichten an diesem Tag auf jegliches Essen und Trinken, um im Verzicht auf weltliche Dinge eine Annäherung an Gott und eine Erweiterung des Bewusstseins zu erfahren.

Thora und Talmud

In der Thora (dt.: Lehre) sind die den Juden auferlegten Gesetze aufgeschrieben, die Mose unmittelbar von Gott offenbart worden sind. Die Thorarolle wird daher als heiligste Reliquie des Judentums in jeder Synagoge in kostbaren Schreinen aufbewahrt. Das Vorlesen aus der Thora ist ein wichtiger Bestandteil des jüdischen Gottesdienstes. Die durch die Thora vorgegebenen Gebote müssen jedoch interpretiert werden. Dies wird von den Rabbinern geleistet und im Talmud (so genannte Bibelauslegung) schriftlich niedergelegt. Der Talmud enthält somit die Essenz jüdischen Glaubens.

Gottesdienst in einer Synagoge

- Versuche, die Hintergründe der Riten im jüdischen Gottesdienst zu erläutern, indem du einen Experten befragst oder dich anhand eines Lexikons informierst.
- Vergleiche den Gottesdienst in der Synagoge mit dem Gottesdienst in einer christlichen Kirche oder dem Freitagsgebet in einer Moschee.

	Synagoge	Kirche oder Moschee
Gemeinsamkeiten		
Unterschiede		

Christentum

Das Christentum bildet die größte Religionsgemeinschaft der Welt. Im Jahre 1999 schätzte man 1,8 Milliarden Christen weltweit, das bedeutet, dass fast ein Drittel (33,1 %) der Weltbevölkerung christlichen Glaubens ist. Die christliche Kirche teilt sich weltweit in drei große Kirchen auf, in die römisch-katholische, die evangelische und die orthodoxe Kirche.

▶ Wo habe ich Erfahrungen mit dem Christentum gemacht und was habe ich davon gehört?

Kruzifix beim Abschlussgottesdienst am 22. 6. 1997 auf dem Evangelischen Kirchentag in Leipzig.

Die Ursprünge

Das Christentum erhielt seinen Namen von Jesus Christus. Unsere Zeitrechnung orientiert sich an seinem ursprünglich angenommenen Geburtsjahr, dem Jahr Null nach unserer heutigen Zeitrechnung. Die Ursprünge des Christentums liegen in Palästina um das Jahr 30 n. Chr. Die unter der römischen Besatzung leidenden Israeliten erwarteten einen Messias, einen politischen oder religiösen Führer. In dieser Zeit tauchte der Bußprediger Johannes auf, der die Menschen zum Zeichen des Neubeginns im Jordan taufte. Etwas später als Johannes trat Jesus von Nazareth in die Öffentlichkeit, auch er predigte vom kommenden Gottesgericht und der notwendigen geistigen Umkehr der Menschen. Er ließ sich von Johannes taufen. Beide Bußprediger wurden von der politischen Obrigkeit (Johannes vom jüdischen König Herodes, Jesus vom römischen Statthalter Pontius Pilatus) hingerichtet. Der Apostel[1] Paulus öffnete die christliche Botschaft für Nichtbeschnittene (Heiden) und wurde deshalb auch der „Heidenapostel" genannt.

1 Apostel: hier: ausgewählte Nachfolger Jesu in der Urkirche

Jesus von Nazareth

Im Zentrum des Christentums steht eine geschichtliche Person: Jesus von Nazareth. Er wird als Vermittler zwischen Gott und Mensch angesehen, der von Gott auf die Erde gesendet worden sei. Seinem Tod am Kreuz folgte nach christlicher Lehre die Auferstehung.

Der christliche Gott

Jesus nennt Gott „abba", d. h. auf hebräisch „guter Vater". In diesem Sinne ist der christliche Gott ein liebender und barmherziger Gott, der die Menschen trotz ihrer Sündhaftigkeit bei sich aufnimmt. Er ist ein Gott der Versöhnung. Die christliche Botschaft soll als Botschaft der Liebe verstanden werden, und Jesus fasst im Rückgriff auf das Alte Testament das wichtigste Gebot zusammen: „Du sollst den Herrn, deinen Gott, lieben aus deinem ganzen Herzen, aus deiner ganzen Seele, aus deinem ganzen Denken und aus deiner ganzen Kraft. Das ist das erste Gebot. Das zweite ist dieses: Du sollst deinen Nächsten lieben wie dich selbst." (Markusevangelium, 12, 30–31)

Der Mensch im Christentum

Der Mensch ist nach christlicher Lehre durch den Sündenfall (vgl. 1. Mose 3) zum Sünder geworden und kann durch Schuld und Leid in Lebenskrisen geraten. Er findet jedoch bei Gott Vergebung der Sünden. Die Sündenvergebung ist ein Leitthema der Botschaft Jesu Christi. Der Mensch kann als Sünder auf Gottes Gnade zählen, wenn er sich taufen lässt, gläubig ist und seine Schuld bekennt. Der Glaube an die Auferstehung Jesu, die an Ostern gefeiert wird, bedeutet für den gläubigen Christen die Überwindung von Tod und Sünde.

Die vier Evangelien

Fast alles, was wir über Jesus und seine Lehre wissen, erfahren wir aus den vier Evangelien des Neuen Testaments. Diese zwischen 70 und 100 n. Chr. entstandenen Schriften sind keine historischen Berichte, sondern Glaubensverkündigungen der frühchristlichen Zeit. Die moralischen Weisungen Jesu finden sich in der so genannten Bergpredigt (Matthäusevangelium 5–7), die als ethische Leitlinie für Christen verstanden werden kann. Ebenso gelten die Zehn Gebote des Alten Testaments als Maßstab eines christlichen Lebens.

- Notiere zunächst deine eigenen Fragen, die du zum Christentum hast.

- Einige dich dann zusammen mit deinen Mitschülerinnen und Mitschülern auf gemeinsame Fragen und interviewt eine Pfarrerin oder einen Priester. Ihr könnt sie oder ihn auch in den Unterricht einladen.
- Besucht eine katholische Messe und/oder einen evangelischen Gottesdienst.
- Notiere, was dich beeindruckt hat.
- Vergleicht den Besuch einer christlichen Kirche mit dem einer Synagoge oder einer Moschee.

Islam

Der Islam ist neben dem Christentum die zweitgrößte Glaubensgemeinschaft der Welt. Nach ungenauen Schätzungen hat er weltweit mehr als eine Milliarde Anhänger, die hauptsächlich im nördlichen Afrika, in den arabischen Staaten (wie Saudi-Arabien, Jordanien, Iran, Irak, Türkei) und in Indonesien leben. In Deutschland leben ca. 2,5 Millionen Muslime, das sind 3 % der Gesamtbevölkerung. Der Islam ist die jüngste der Weltreligionen, er entstand vor ca. 1400 Jahren und ist somit ca. 2 400 Jahre jünger als das Judentum und 600 Jahre jünger als das Christentum. Das Jahr 622 n. Chr. ist im islamischen Kalender das Jahr 1.

▶ Wo habe ich Erfahrungen mit dem Islam gemacht und was habe ich davon gehört?

Sultan Ahmed Cami („Blaue Moschee") in Istanbul, erbaut 1610–1617

Die Ursprünge

Wie das Christentum geht auch der Islam von einer historischen Person aus: Der Prophet Muhammad lebte von 570–632 n. Chr. Zu Lebzeiten Muhammads, Ende des 6. und Anfang des 7. Jahrhunderts, lag Arabien fernab der politisch bedeutenden Zentren wie Byzanz und Jerusalem. Die Menschen verehrten eine Vielzahl von Göttinnen und Göttern. Inmitten der arabischen Halbinsel liegt Mekka, der Geburtsort Muhammads. Mekka war schon in dieser Zeit ein bedeutender Wallfahrtsort. Muhammad lebte bis zu seinem 40. Lebensjahr als vermögender Kaufmann. Im Jahre 610 n. Chr. zog er sich in eine Höhle am Berg Hira zurück und erlebte dort intensive Visionen[1]. Sie kündeten ein nahendes Endgericht Gottes an, vor dem sich die Gläubigen ins Paradies flüchten können. Dazu gilt es, die Weisungen Gottes zu befolgen, die später im Koran schriftlich niedergelegt wurden. Muhammad erkannte die Visionen als göttlichen Auftrag, und es gelang ihm, eine Gemeinde aufzubauen. Da er sich gegen den Polytheismus und die Geschäftstüchtigkeit der Kaufleute in Mekka wendete, musste er 622 n. Chr. nach Medina (Stadt des Propheten) auswandern. Dort formte er seine Lehre weiter aus und löste sie von der christlichen und jüdischen Glaubensüberzeugung als eigene Religion.

1 Vision: innere Vorstellung, Erscheinung vor dem geistigen Auge

Der Prophet Muhammad

Für den Islam ist Muhammad ein Mensch, der alle anderen Menschen überragt und daher ein Wegweiser und Vorbild ist. Er übertrifft als Prophet alle anderen Propheten der Bibel und hat den Islam gegründet und verbreitet. Für die Muslime ist Muhammad frei von Sünde und Irrtum und das schönste Beispiel eines Menschen, an dem sich alle Tugenden aufzeigen lassen. Aber er ist ein Mensch, dem keine göttlichen Qualitäten zukommen, im Gegensatz zu Christus, der als „Sohn Gottes" von den Christen verehrt wird.

Der Koran – Gottes Wort

Wie in den meisten Weltreligionen, gibt es auch im Islam eine heilige Schrift, den Koran. Im Gegensatz zu den Schriften der übrigen Religionen verehren jedoch die Muslime den Koran als die Offenbarung Gottes, die als Urkoran schon immer bei Gott gewesen ist und dem Propheten Muhammad durch den Engel Gabriel offenbart worden ist. Der Koran ist aus Sicht der Gläubigen Gottes Wort.

Allah – der Gott der Muslime

Der Islam betont in besonderer Weise Gottes Allmacht, denn gegen seinen Willen könne nichts geschehen. Doch auch im Koran finden sich Belege für die Freiheit des Menschen, die Gebote und Pflichten des Korans zu erfüllen oder zu missachten.

Die fünf Säulen des Korans – Pflichten aller Muslime

Der Koran enthält wesentliche ethische Bestimmungen, die in den so genannten fünf Säulen des Korans zusammengefasst sind:

1. Das Bekenntnis zu dem einen Gott Allah und Muhammad als seinem Gesandten.
2. Das rituelle[1] Pflichtgebet, das fünfmal am Tag gebetet wird – vormittags, mittags, nachmittags, vor Sonnenaufgang und nach Sonnenuntergang, nach Mekka gerichtet, der Geburtsstadt Muhammads.
3. Die regelmäßige Pflichtabgabe zugunsten der Gemeinschaft.
4. Das Fasten im Monat Ramadan, in dem der Inhalt des Korans Muhammad offenbart wurde.
5. Die Pilgerreise nach Mekka am Ende des Fastenmonats Ramadan. Weise Gottes Allmacht, denn gegen seinen Willen könne nichts geschehen. Doch auch im Koran finden sich Belege für die Freiheit des Menschen, die Gebote und Pflichten des Korans zu erfüllen oder zu missachten.

1 Ritus: 1. religiöser Brauch in Worten, Gesten und Handlungen, 2. das Vorgehen nach festgelegter Ordnung; Zeremoniell

Auf den Abbildungen seht ihr die Gebetshaltungen der täglichen Gebete und – in Übersetzung – die dazugehörigen Worte.

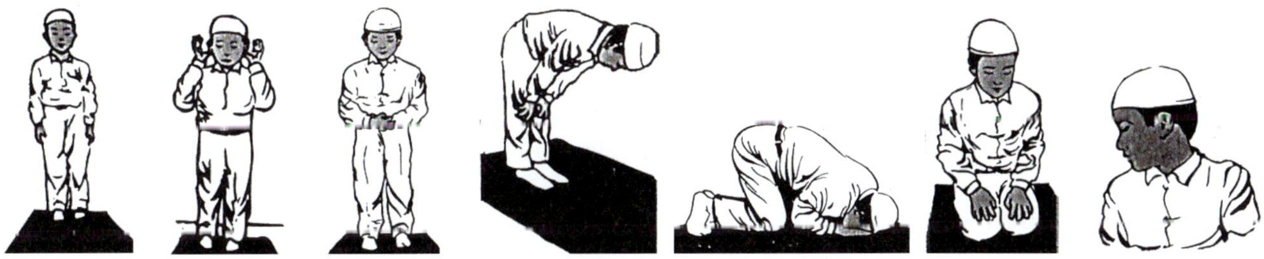

„Gott ist groß."

„Im Namen des barmherzigen und gnädigen Gottes."

„Ruhm und Preis meinem Gott, dem Allmächtigen." (3x) „Möge Gott den hören, der ihn preist, dir, mein Herr, die Lobpreisungen."

„Ruhm sei Gott, dem Höchsten."

„Mein Gott, vergib mir, erbarme dich meiner. […] Es gibt keinen Gott außer Gott; und ich bezeuge, dass Mohammad der Gesandte Gottes ist."

„Der Friede sei mit euch und die Barmherzigkeit Gottes."

- Wie wirken die Gebetshaltungen auf dich?
- Überlege, welche Bedeutung die Religion im Bewusstsein des Gläubigen bekommt, wenn er sich täglich fünfmal dem Pflichtgebet widmet.
- Besucht gemeinsam eine Moschee.
- Notiere die Eindrücke, die der Besuch bei dir hinterlassen hat.
- Vergleiche diese mit den Besuchen in der christlichen Kirche und in der jüdischen Synagoge.

Buddhismus

Der Buddhismus ist die erste universale[1] Religion, die sich an alle Menschen wendet und nicht an die Zugehörigkeit zu einem Volk gebunden ist. Er ist ca. 400 Jahre früher als das Christentum und ca. 1 000 Jahre vor dem Islam entstanden und somit die älteste der drei universalen Weltreligionen. Die Anzahl der Anhänger des Buddhismus wird auf ca. 330 Millionen Menschen weltweit geschätzt. In Deutschland leben ca. 40 000 Anhänger des Buddhismus.

1 universal: allgemein, gesamt; die ganze Welt umfassend, weltweit; alle Menschen betreffend

▶ Wo habe ich Erfahrungen mit dem Buddhismus gemacht und was habe ich davon gehört?

Figur eines Buddha im Gebetsraum der Tibetisch-Buddhistischen Gemeinschaft in Hannover.

Ursprünge

Der Buddhismus leitet seinen Namen von der Person des historischen Buddha ab. Historisch gesehen wird Siddharta Gautama, der von 450–370 v. Chr. lebte, als der erste Buddha und als Begründer des Buddhismus verstanden. Buddha bedeutet „der Erwachte“, und jeder, der zu einer vergleichbaren Erleuchtung und Erkenntnis gelangt, kann als Buddha bezeichnet werden. Siddharta ist somit nicht ein Religionsstifter wie Christus, er steht nicht im Mittelpunkt, wichtiger ist die Erleuchtung bzw. die zu ihr führende Lebenspraxis.

Siddharta Gautama – „der Buddha“

Siddharta Gautama wuchs als Sohn einer reichen Herrscherfamilie am Fuße des Himalaya-Gebirges auf. Im Alter von 29 Jahren soll er eine Lebenskrise gehabt haben, da ihm niemand Antworten auf seine Lebensfragen geben konnte. Der Legende zufolge machte er zu dieser Zeit vier Ausfahrten, bei denen ihm jeweils ein Greis, ein Kranker, ein Toter und ein asketischer Mönch begegnete. So sah er die menschlichen Leiden in Alter, Krankheit und Tod vor sich. Die Erkenntnis, dass kein Mensch diesen Leiden entgehen konnte, löste in ihm eine starke Bewegung aus. Siddharta entschloss sich zur Flucht in die Heimatlosigkeit und zu einem Leben in Armut und Askese. Er ließ alle materiellen Dinge zurück und kleidete sich mit einem orangebraunen Tuch der Bettler, das auch heute noch von buddhistischen Mönchen getragen wird. Die strenge Askese führte jedoch nicht zu der erhofften Erkenntnis. Auf dem spirituellen Weg der Meditation gelang Siddharta dann wie in einem Geschenk die Erleuchtung, er erreichte das „Nirwana“ und wurde zum „Buddha“. In der Erleuchtung sah er sich und alle anderen Wesen im ewigen Kreislauf der Wiedergeburt. Seine restliche Lebenszeit verbrachte Siddharta, indem er als Lehrender durch das Gebiet des heutigen nördlichen Indiens zog und Gemeinden gründete.

Die buddhistische Lehre

Im Mittelpunkt der buddhistischen Lehre steht nicht, wie bei anderen Religionen, die Frage nach Gott oder dem Menschen, sondern das Leiden aller Wesen. So lautet die erste der vier edlen Wahrheiten, dass jegliches Dasein Leid sei. Wir können zwar im Leben auch Freude und Glück empfinden, doch ist dieses nie von Dauer und immer von Leid überschattet. Die zweite Wahrheit bezieht sich auf die Ursprünge des Leidens, die im Lebensdurst, in der Begierde nach Genuss und Besitz gesehen wird. Die beiden letzten Wahrheiten weisen den Weg zur Erlösung durch Auslöschung des Lebensdurstes. Gelingt es dem Menschen, in seinem Leben, den Weisungen des „achtteiligen Pfades“ zu gehorchen, so hat er die Möglichkeit, den Kreislauf der ewigen Wiedergeburt, der immer wieder zu einem neuen leidvollen Leben führt, zu durchbrechen und ins „Nirwana“ zu gelangen. Der Mensch bekommt so die eigene Verantwortung für sein Glück, da er durch rechtes Handeln das Leid überwinden kann und zur Erlösung im Nirwana gelangen kann. Die Meditation hat im Buddhismus große Bedeutung, da sie dem Menschen die Möglichkeit bietet, frei von materiellen Dingen über sich selbst nachzudenken und Erkenntnis zu erlangen.

Buddhistische Mönche auf dem Gelände des Klosters Po Lin auf der Insel Lantau (Hongkong), drei Tage vor der Einweihung der größten freistehenden Buddhafigur (Hintergrund) Südostasiens. Die Erschaffung der 31 Meter hohen Tian Tan-Statue dauerte zehn Jahre und hat 900 000 US-Dollar gekostet.

Zehn Gebote für Mönche

1. Kein Leben zerstören.
2. Keine Dinge nehmen, die nicht gegeben werden.
3. Enthaltung vom unkeuschen Lebenswandel.
4. Vermeidung von Lüge.
5. Verbot von Rausch durch den Genuss berauschender Getränke.
6. Verzicht auf alles Essen nach dem Mittag.
7. Kein Tanz, Gesang, Musik und Schauspielen.
8. Verzicht auf Körperschmuck durch Blumenkränze, Wohlgerüche, Schminke und Salben.
9. Keine Benutzung hoher und üppiger Betten.
10. Kein Gold und Silber annehmen.

▶ Diskutiert darüber, was der Sinn dieser Gebote sein könnte.

Religiöse Vorurteile

In Deutschland leben Anhänger aller Weltreligionen. Die Ausdrucksformen fremder Religionen erscheinen denjenigen, die sie von außen beobachten, oft unverständlich. Für Anhänger der nichtchristlichen Religionen war z. B. schon in den ersten Jahrhunderten n. Chr. das Abendmahl der Christen unverständlich und führte zu falschen Erklärungen und Vorurteilen. Vorurteile entstehen oft, wenn Personen oder Personengruppen nicht miteinander reden und dadurch ihre Verhaltensweisen und religiösen Bräuche nicht verstehen können.

▶ Überlege, welches religiöse Vorurteil dir schon einmal im alltäglichen Leben begegnet ist, und beschreibe die Situation. Überlege dann, was unverständlich war, und schreibe die Fragen auf, über die sich die Beteiligten unterhalten könnten.

▶ Befrage Freunde, Verwandte und Menschen in deinem Umfeld nach ihnen bekannten Vorurteilen und notiere sie hier.

▶ Hast du Erklärungen für diese Vorurteile?
- Wie können sie entstehen?
- Wieso glauben viele an diese Vorurteile, ohne selbst mit Menschen aus den verschiedenen religiösen Gruppen Kontakt zu haben?

▶ Diskutiert in der Lerngruppe die Frage, ob und wie Vorurteile das Zusammenleben zwischen Menschen verschiedener Religionszugehörigkeit beeinflussen.

▶ Sammelt Ideen zu Aktionen, die helfen, Vorurteile zu beseitigen, und direkten Kontakt zwischen den Menschen ermöglichen.

Judentum und Christentum

Das Christentum ist vor 2 000 Jahren aus dem Judentum entstanden. Jesus von Nazareth, mit dem das Christentum seinen Anfang genommen hat, war Jude. Schon zu Beginn des Christentums gab es religiöse Spannungen zwischen Christen und Juden. Die Juden klagten die Christen an, von den Geboten der Thora abzuweichen und den falschen Messias zu verehren. Die Christen beklagten, dass die Juden Jesus Christus nicht anerkannten, und machten ihn für seinen Kreuzestod verantwortlich. Aus diesen Konflikten erwuchs im Laufe der Geschichte eine Verfolgung der Juden.

Adolf Frankl (Bratislava 1903–1983 Wien), Visionen aus dem Inferno, 1945–1975

Mit meinen Werken habe ich allen Völkern dieser Welt ein Mahnmal gesetzt. Es soll niemanden, egal welche Religion, Rasse oder politische Anschauung er vertritt, dieses oder Ähnliches widerfahren. Adolf Frankl

- ▶ Versetze dich in die Situation von einer Person auf diesem Bild. Schreibe einen Brief an einen Freund oder an eine Freundin und erzähle von einem Erlebnis dieser Person.

- ▶ Formuliere einen eigenen Titel zu dem Bild und schreibe ihn oben in die leere Zeile über dem Bild.
- ▶ Diskutiert darüber, weshalb es wichtig ist, an die Judenvernichtung während des Nationalsozialismus in Deutschland zu erinnern. Begründet eure Meinung.
- ▶ Informiert euch über das Leben der Juden im heutigen Deutschland. Im Internet erhaltet ihr Informationen unter ***www.zentralratdjuden.de*** und ***www.jmberlin.de***. Über das Bild findet ihr Informationen unter ***www.visioneninferno.de*** und ***www.hagalil.com/frankl.***

Judentum und Islam

Trotz der gemeinsamen Wurzel trennen das Judentum und den Islam wesentliche religiöse Grundelemente. Die Juden erkennen den islamischen Propheten Muhammad nicht als letzten Propheten an, während der Islam als jüngere Religion nicht die jüdische Bibel als Heilige Schrift übernommen hat, sondern den Koran als wichtigste Schrift anerkennt. Schon zu Zeiten Muhammads kam es zu blutigen Auseinandersetzungen zwischen Juden und Muslimen in Medina. Das friedlose Verhältnis wird bis in unsere Zeit in den gewaltsamen Ereignissen im heutigen Israel fortgesetzt. Trotz zahlreicher internationaler Bemühungen, zu einem friedlichen Kompromiss zu finden, gehen die gewalttätigen Auseinandersetzungen weiter und haben schon vielen Juden und Muslimen das Leben gekostet.

Israelische Polizeikräfte und forensische[1] Experten stehen am 16.7.2002 vor dem Bus in der Nähe der Siedlung Emanuel, in dem bei einem schweren Terroranschlag acht Israelis getötet worden sind. Nach Augenzeugenberichten hatten drei schwer bewaffnete Palästinenser in israelischer Uniform zunächst mehrere Bomben neben dem gepanzerten Linienbus gezündet. Als die Fahrgäste in Panik aus dem Bus sprangen, wurden sie von den Angreifern aus kurzer Distanz aus automatischen Waffen beschossen und mit Handgranaten beworfen. Die Attentäter feuerten auch auf einen Personenwagen. Der Anschlag versetzte den jüngsten Bemühungen um eine politische Lösung des Konflikts einen schweren Schlag.

1 forensisch: die Gerichtsverhandlung betreffend, gerichtlich

- Schaue dir im Atlas die Karte von Israel an und informiere dich über die Geschehnisse im Gazastreifen und im Westjordanland.
- Sammle Material in aktuellen Medien (Fernsehen, Zeitungen, Internet) über das heutige Zusammenleben von Israelis und Palästinensern in Israel.

Christentum und Islam

Für die Zukunft der Menschheit wird sehr viel davon abhängen, wie sich die beiden größten Religionen der Welt zueinander verhalten. Ohne ihr friedliches Miteinander wird es keine Gerechtigkeit für die Völker und keinen Frieden auf Erden geben.

Werner Trutwin, deutscher Theologe

Es wird keinen Frieden zwischen den Zivilisationen geben ohne einen Frieden unter den Religionen!

Hans Küng, *1928, schweizerischer Theologe

- Informiert euch unter ***www.weltkloster.de*** über eine Möglichkeit der Begegnung der Weltregionen.
- Beschreibe Situationen aus deinem Alltag, wo Christen und Muslime miteinander in Kontakt treten.

- Wie beurteilst du das Verhältnis von Muslimen und Christen in deinem Umfeld?

- Glaubst du, dass Werner Trutwin und Hans Küng Recht haben mit ihren Aussagen? Begründe deine Meinung.

Muslimische Lehrerin aus Hamburg soll wegen religiöser Neutralität ihre Kopfbedeckung ablegen.

Kopftuch-Streit jetzt auch in Hamburg: Der […] Abgeordnete und Lehrer Karl-Heinz Ehlers fordert den Senat auf, etwas dagegen zu unternehmen, dass in Hamburg eine Lehrerin mit Kopftuch unterrichtet. Leicht beeinflussbare Kinder sollten laut Ehlers nicht mit dem Glaubensbekenntnis ihrer Lehrer konfrontiert werden. „Besonders, wenn es sich dabei auch noch um eine politisch sehr offensive religiöse Einstellung handelt."
Ehlers beruft sich in seiner Forderung auf ein Urteil des Bundesverwaltungsgerichts vom Juli. Darin bestätigten die Berliner Richter die Entscheidung eines Stuttgarter Schulamtes. Der Amtsleiter hatte es abgelehnt, eine muslimische Lehrerin in den Schuldienst aufzunehmen, weil sie darauf bestand, das Kopftuch im Unterricht zu tragen.
Im Zentrum der Debatte steht Susanne J. (33). Die Deutsche unterrichtet seit drei Jahren an der Grundschule „An der Isebek" in Eimsbüttel. Sie ist mit einem Syrer verheiratet und vor sechs Jahren zum muslimischen Glauben übergetreten. Die Schulbehörde plant zurzeit keine Schritte gegen sie. „Wir gehen davon aus, dass das Verfahren noch vors Verfassungsgericht geht, und sehen daher vorerst keinen Handlungsbedarf", sagt Behördensprecher Andreas Fromm.
„Hamburg ist eine weltoffene Stadt, ich habe keine Probleme damit, dass eine Lehrerin Kopftuch trägt", sagt […] Fraktionschef Burkhardt Müller-Sönksen. Die Opposition reagiert mit Unverständnis auf den […] Vorstoß. „Haben die nichts Wichtigeres zu tun?", fragt sich […] Olaf Scholz. „Wenn die Frau gut ist, soll sie Lehrerin bleiben", sagt die […] Abgeordnete Antje Möller. Karin Böhme, Leiterin der Schule „An der Isebek", weiß nur Gutes über Susanne J. zu berichten. „Sie macht ihre Arbeit zuverlässig und kompetent." Seit drei Jahren sei die junge Frau Klassenlehrerin und es habe noch keine Beschwerden seitens der Eltern gegeben.

Hamburger Morgenpost, 21.7.2002

- Schreibt die Pro-und-Contra-Argumente aus dem Text an die Tafel und führt anschließend eine Diskussion über die Frage: „Soll es erlaubt sein, in der Schule ein Kopftuch zu tragen?" Begründet eure Meinung. Ergänzt die beiden Listen an der Tafel während der Diskussion.

Notizen

Mind-Map

Textnachweis

S. 5 Immanuel Kant, Mutmaßlicher Anfang der Menschengeschichte. In: Wilhelm Weischedel, Kant Werke 9, Wissenschaftliche Buchgesellschaft, Darmstadt 1975, S. 88
S. 10 Hermann Hesse, Die Gedichte, Suhrkamp Taschenbuch 381, Frankfurt, 1993, Bd. 2, S. 676.
S. 13 http://www.nthuleen.com/102/lieder/maenner-schweine.html
S. 14 Khalil Gibran, Der Prophet, übers. v. Karin Graf, Walter Verlag, Zürich 1998, S. 90–93
S. 15 Farin Urlaub, PMS Musikverlag GmbH, Berlin
S. 21 Thomas Bernhard, Ereignisse, st 2309, Suhrkamp, Frankfurt, 1991, S. 39
S. 25 Zeitungsartikel von der Autorin
S. 26 Quelle unbekannt
S. 28 Martin Andersen-Nexø, Erinnerungen, Dietz, Berlin 1966, o. S.; Ernesto Cardenal, Ufer zum Frieden, Peter Hammer Verlag, Wuppertal 1979, o. S.; Erich Fromm, Textquelle unbekannt; Arthur Schopenhauer, Parerga und Paralipomena. In: Sämtliche Werke, Bd. 5, 6. Hrsg. v. A. Hübscher. F. A. Brockhaus, Mannheim 1988, o. S. Alle Zitate zit. nach: Werner Scholze-Stubenrecht u. a., Duden 12, Zitate und Aussprüche, Dudenverlag, Mannheim 1993, S. 548, 710–711
S. 31 Bodo Schäfer, Money oder das 1x1 des Geldes, Knaur Verlag, München 2001, S. 18, 27–40
S. 33 Gabriel Laub, Denken verdirbt den Charakter, Hanser, München 1984; Stanislaw Jerzy Lec, Alle unfrisierten Gedanken, hrsg. u. übers. v. Karl Dedecius, München 1988. Alle Zitate zit. nach: Werner Scholze-Stubenrecht u. a., Duden 12, Zitate und Aussprüche, Dudenverlag, Mannheim 1993, S. 678–679
S. 34 Worte eines Inuk vom Noatakfluss: Quelle unbekannt; Schöpfungsmythos: Bärbel Auffermann, Gerd-C. Weniger (Hrsg.), Zeitreise, Mettmann, Neanderthal-Museum, Köln 1997, S. 10
S. 37 Konstantin Kolenda: Quelle unbekannt
S. 38 Hans Peter Richter (Hrsg.), Wozu leben wir?, Herder, Freiburg 1968, S. 43
S. 39 Marcuse aus: Denken mit Ludwig Marcuse, Diogenes, Zürich 1973, o. S.; Wolfdietrich Schnurre, Der Schattenfotograf, List, München 1978, o. S.; Aleksander Swietochowski, Paradoxa–Ketzereien, In: Bedenke, bevor du denkst. Hrsg. u. übers. v. Karl Dedecius, Suhrkamp, Frankfurt/M. 1985, o. S. Carl F. v. Weizsäcker, Die Geschichte der Natur, Vandenhoeck & Ruprecht, Göttingen 1954, o. S. Alle Zitate zit. nach: Werner Scholze-Stubenrecht u. a., Duden 12, Zitate und Aussprüche, Dudenverlag, Mannheim 1993, S. 739, 748
S. 43 Der Spiegel 3/12. 1. 1998, S. 170
S. 44 Franz von Assisi, Die Werke, übers. v. Wolfram von den Steinen u. Max Kirchstein, Diogenes Verlag, Zürich 1979; Hans Kasper, Nachrichten und Motive, Goverts Verlag, Stuttgart, o. J., o. S.
S. 49 Bertolt Brecht, Geschichten von Herrn Keuner, Suhrkamp, Frankfurt/M. 1971, S. 20
S. 55 Islam-Enciklopedija, Almaty 1995. Zit. nach: Spiegel special 1/98, Islam A–Z, S. 67
S. 61 Werner Trutwin, Die Weltreligionen, Islam, Patmos, Düsseldorf, 1998, S. 113; Hans Küng, Weltethos für Weltpolitik und Weltwirtschaft, Piper, München 2000, S. 131; Hamburger Morgenpost/21. 7. 2002

Bildnachweis

S. 4 Walter Kurowski, Oberhausen
S. 38 Jan Tomaschoff/CCC, www.c5.net
S. 50 © epd/Arad, 1993
S. 51 Photo Didacti LTD, Israel
S. 52 © Neetz, 22. 6. 1997
S. 54 Henri Stierlin, Genf
S. 55 Islam-Enciklopedija, Almaty 1995. Zit. nach: Spiegel special 1/98, Islam A–Z, S. 67
S. 56 © KNA-Bild, Harald Oppitz, 5. 6. 2000
S. 57 © dpa, B3077 AFP
S. 59 © VG Bild-Kunst, Bonn 2002, Foto: Kerstin Schuhbaum, München
S. 60 © dpa, A3077 epa afp Kahana, AFPI
Illustrationen: Barbara Schumann, Berlin

Nicht in allen Fällen war es möglich, die Rechteinhaber ausfindig zu machen. Berechtigte Ansprüche werden selbstverständlich im Rahmen der üblichen Vereinbarungen abgegolten.